Walter Kardinal Kasper
Erneuerung aus dem Ursprung

Walter Kardinal Kasper

ERNEUERUNG AUS DEM URSPRUNG

Theologie
Christologie
Eucharistie

Matthias Grünewald Verlag

VERLAGSGRUPPE PATMOS

PATMOS
ESCHBACH
GRÜNEWALD
THORBECKE
SCHWABEN
VER SACRUM

Die Verlagsgruppe
mit Sinn für das Leben

Für die Verlagsgruppe Patmos ist Nachhaltigkeit ein wichtiger Maßstab ihres Handelns. Wir achten daher auf den Einsatz umweltschonender Ressourcen und Materialien.

Bibliografische Information der Deutschen Nationalbibliothek
Die Deutsche Nationalbibliothek verzeichnet diese Publikation in der Deutschen Nationalbibliografie; detaillierte bibliografische Daten sind im Internet über http://dnb.d-nb.de abrufbar.

Alle Rechte vorbehalten
© 2021 Matthias Grünewald Verlag
Verlagsgruppe Patmos in der Schwabenverlag AG, Ostfildern
www.gruenewaldverlag.de

Umschlaggestaltung: Finken und Bumiller, Stuttgart
Gestaltung, Satz und Repro: Schwabenverlag AG, Ostfildern
Druckerei: CPI books GmbH, Leck
Hergestellt in Deutschland
ISBN 978-3-7867-3273-0

Inhalt

Erneuerung aus dem Ursprung 7
Ein Vorwort, das zugleich eine Zusammenfassung ist

Tübinger Schule – Rang und Weite 11
Zwei Überraschungs-Tübinger –
Romano Guardini und Martin Heidegger

  I. Überraschung bei einer Fahrt durch die Wüste 11

  II. Katholisch-theologische Tübinger Schule 13

  III. Der Modernismus – Krise und Neuanfang 19

  IV. Romano Guardini – der Grenzgänger 22

  V. Martin Heidegger und die Kehre 31

  VI. Tübinger Schule im 21. Jahrhundert? 38

Jesus Christus in der Welt von heute bezeugen 59
Reflexionen zur Christologie

  I. Die Grundfrage der Christologie 61

  II. Logos-Christologie von der Menschwerdung des Sohnes Gottes 66

  III. Kenosis-Christologie des Abstiegs, der Demut und der Barmherzigkeit Gottes 71

  IV. Christologie der Freiheit und der Befreiung 80

  V. Universale Pneuma-Christologie 85

  VI. Christologische Ontologie der Liebe 94

Mysterium fidei 99
Die Eucharistie als Mitte und
Höhepunkt des christlichen Lebens

I. Zeit für Mystagogie   99

II. Das Mysterium neu entdecken   107

III. Das Christus-Mysterium   112

IV. Eucharistie als Pascha-Mysterium   120

V. Die Eucharistie: Gegenwart – Opfer – Sakrament   126

VI. Ökumenische Fragen   152

VII. Schlussüberlegungen   159

Bibelstellenregister 163

Personenverzeichnis 165

Abkürzungen 169

Dokumente des Zweiten Vatikanischen Konzils   169

Andere Abkürzungen   169

Zum Autor   171

Erneuerung aus dem Ursprung
Ein Vorwort, das zugleich eine Zusammenfassung ist

Die Kirche ist heute auf dem Weg in eine neue Epoche ihrer Geschichte, und sie steht dabei vor der Herausforderung einer tiefgreifenden Erneuerung. Der vorliegende Band will kein konkretes Zukunfts- und Erneuerungsprogramm vorlegen, er enthält gewissermaßen nur Prolegomena zu solcher Erneuerung. Die einzelnen Beiträge sind unabhängig voneinander entstanden. Erst im Nachhinein ist mir aufgegangen, dass sie durch ein durchgehendes gemeinsames Anliegen verbunden sind, das bereits in früheren Schriften angelegt und angedeutet wird: »Erneuerung aus dem Ursprung«.

Erneuerung meint nicht Neuerung. Der christliche Glaube gründet auf dem ein für alle Mal gelegten Fundament, das Jesus Christus ist. Jesus Christus ist nicht nur der historische Anfang, den wir mühsam aus alten Quellen rekonstruieren; er gleicht einer lebendigen Quelle, aus der stets frisches und erfrischendes, lebenspendendes Wasser sprudelt. Als der erhöhte Herr ist er im Heiligen Geist bleibend lebenspendender Ursprung der Kirche. Aus seiner geöffneten Seite entspringen im Zeichen von Wasser und Blut die beiden Grundsakramente der Kirche, Taufe und Eucharistie. Ähnlich wie bei der Schöpfung der Welt, die ein fortdauernder Prozess ist, lebt die Kirche immer wieder neu aus dem im Pfingstgeist gegenwärtigen Evangelium Jesu Christi. Alle Erneuerung kann nur das Ziel haben, das Evangelium in einer neuen Epoche der Geschichte in Wort und Tat geistesgegenwärtig mit neuem Schwung zu bezeugen und seine Gegenwart in der Eucharistie in überschwänglicher eschatologischer Vorfreude zu feiern. In diesem Sinn geht es in diesem Band um Theologie, Christologie und Eucharistie.

Vorwort

Kein Einsichtiger wird leugnen, dass auf dem Weg der Erneuerung gründliches Um- und Neudenken sowie einschneidende Reformen notwendig sind. Wir brauchen sie heute vielleicht dringender denn je. Wir dürfen jedoch nicht der Häresie eines ekklesiologischen Pelagianismus, das heißt einer Werkgerechtigkeit aufsitzen und meinen, wir selbst könnten mit unseren Reformen der Kirche neue Glaubwürdigkeit und neues Ansehen verschaffen. Die Kirche aus schwachen sündigen Menschen wird nie so vollkommen und so strahlend dastehen, dass sie durch sich selbst überzeugt. Skandale hat es von Anfang an gegeben und wird es leider auch in Zukunft immer wieder geben.

Die Kirche ist ein Paradox; sie trägt ihren Schatz in irdenen Gefäßen. In ihr ist das bleibend gültige Wort Gottes in fleischlicher, menschlich schwacher Gestalt gegenwärtig. Die ganze Geschichte der Kirche ist darum eine einzige, immer wieder neu ansetzende Reformgeschichte und ein fortwährendes Paschageschehen. In ihr hat sich die Botschaft Christi trotz allem menschlichen Versagen in der Kraft des Heiligen Geistes immer wieder neu als wahr, als stimmig, als befreiend und als heilbringend erwiesen. Da alle Wirklichkeit in Christus und auf ihn hin geschaffen ist, ist das Evangelium Jesu Christi kein Zusatz und kein Überbau zur Wirklichkeit des Lebens und der Welt. Wir dürfen darum darauf vertrauen, dass diese Botschaft auch heute Licht und Kraft ist auf dem Weg durch die Krisen und Verwerfungen unserer geschichtlichen Situation. Nicht wir, nur die uns anvertraute Botschaft kann letztlich überzeugen. Das ist die Paradigmenwende, die uns nottut.

Die Kirche, die auf den staubigen und oft dunklen Straßen der Geschichte auf dem Weg ist, kann den Weg, auf dem Gott sie der auf uns zukommenden neuen Zeit entgegenführen will, nur finden, indem sie sorgsam auf die Zeichen der Zeit achtet und sie im Licht des Evangeliums zu verstehen und sie zu deuten versucht. Im Blick auf diese Leuchtzeichen – oft gibt es freilich auch Blendlaternen – können wir durch Unterscheidung der Geister in den

Vorwort

vielfältigen, uns bereichernden wie oft auch belastenden kultur- und zeitgebundenen Traditionen die eine Stimme des immer wieder neu überraschenden und befreienden Evangeliums Jesu Christi heraushören und sein Licht als Fackel in die Zukunft weitertragen.

In dieser Weise gilt es das Innovationspotential der Geschichte, aus der wir kommen, theologisch gesprochen: die Tradition, fruchtbar zu machen. Wer nicht weiß, woher er kommt, der weiß nicht, wohin er gehen soll; wer die Erinnerung an seine eigene Geschichte verliert, wird dement. Wir aber wollen eine lebendige Kirche, die mit den Menschen in den oft dunklen Gassen der Geschichte unterwegs ist. Wir wollen die Kirche, die in allen Jahrhunderten *dieselbe* ist und dennoch nicht immer *dasselbe* sein kann. Sie darf weder rein vergangenheitsorientiert einem traditionalistisch verkrusteten Fundamentalismus noch einem modisch modernistischen, progressiv vorauseilenden utopischen Avantgardismus verfallen. Sie muss sich als Kirche im Heute bewähren, im Heute, das in dem nie festzuhaltenden Übergang existiert von dem, was war und nicht mehr ist und auch nicht mehr kommt, und dem, was kommt, aber noch nicht ist.

Jedes Heute ist ein Pascha, ein Sterben und ein Auferstehen, in dem jeden Morgen und jeden Augenblick das Alte neu ist und neue Herausforderungen mit sich bringt. Vollends ist die Geschichte der Kirche eine Paschageschichte, in der sich in vielfältiger Form das *pascha Domini* ereignet, seine Selbstüberlieferung bis in den Tod am Kreuz und seine Auferstehung zum neuen Leben wie seine Selbstüberlieferung im Heiligen Geist zur bleibenden Gegenwart in der Kirche und in unseren Herzen. Diese Selbstüberlieferung begründet – wie im Folgenden ausführlich dargelegt wird – eine Ontologie der Freiheit in sich schenkender Liebe. Allein solche Freiheit in sich schenkender Liebe ist wahrhaft glaubhaft und überzeugend.

Im realistischen Blick auf die Zeichen der Zeit ist das alles andere als spintisierende Spekulation. Eine technisch eins gewor-

Vorwort

dene Welt, in der sich neue Gräben und Mauern des Unverständnisses und des Hasses auftun, in der himmelschreiende Ungerechtigkeit und brutale Gewalt herrschen, kann nur zu einem globalen Chaos und einem Kampf aller gegen alle führen. Menschenwürdig überleben werden wir nur, wenn wir in universaler Geschwisterlichkeit die irdischen wie die geistlichen Reichtümer der Welt, die allen gehören und allen dienen sollen, mit allen Menschen teilen, wenn sie nicht totes Kapital in der Hand weniger bleiben, vielmehr allen ein menschenwürdiges und menschlich erfülltes Leben ermöglichen. Nur wenn Mission nicht als Werbung, sondern als Ausstrahlung und Partizipation als geschwisterliches Teilen verstanden werden und zusammenfinden, kann es in einer eins werdenden Welt dauerhaften Frieden geben. Der Friede ist das Werk der Gerechtigkeit, die Liebe das Band, das alles zusammenhält.

Ich widme diesen Band den ehemaligen Hörern, den Studierenden in Münster, Tübingen, Washington und Rom und den Leserinnen und Lesern in vielen Teilen der Welt, die sich in der Hitze des Alltags im Weinberg des Herrn um die Erneuerung und um eine menschenfreundliche und menschendienliche Kirche mühen. Zugleich danke ich allen, die mir durch ihre Fragen und Einwände, auch durch ihre Kritik geholfen haben weiterzudenken. Mein besonderer Dank gilt Dr. Ulrich Sander für die wertvolle Beratung wie für die sorgfältige und kenntnisreiche verlegerische Aufbereitung des Textes.

Rom, am Sonntag *Laetare*
in der österlichen Bußzeit 2021
Walter Kasper

Tübinger Schule – Rang und Weite
Zwei Überraschungs-Tübinger –
Romano Guardini und Martin Heidegger

Wenn ich nach meiner theologischen Herkunft gefragt werde, verweise ich meist und mit einem gewissen Stolz auf die katholische Tübinger Schule des 19. Jahrhunderts. Bei den Gesprächspartnern löst das widersprüchliche Reaktionen aus. Bei einigen gehen die Augenbrauen hoch, bei anderen gehen die Türen und die Herzen auf.

I. Überraschung bei einer Fahrt durch die Wüste

Die überraschendste Erfahrung machte ich bei einem Gespräch, das ich während einer langen Autofahrt vom Nildelta zu den mittelägyptischen Wüstenklöstern zusammen mit dem damals für die ökumenischen Beziehungen der koptischen Kirche verantwortlichen Metropolit Bishoy von Damiette (1942–2018) führte. Persönlich war er ein liebenswürdiger Mensch, in der Sache galt er in ökumenischen Kreisen jedoch als *the church's iron man*. Nachdem er mich eingehend auf meine Rechtgläubigkeit in der Trinitätslehre examiniert hatte, sagte er unvermittelt, sein kirchengeschichtliches Lieblingsbuch sei die »Konziliengeschichte« von Karl Joseph Hefele.[1] Ich antwortete: »Hefeles Konziliengeschichte

---

1 Karl Joseph Hefele (1809–1896) war Professor für Kirchengeschichte an der Katholisch-theologischen Fakultät in Tübingen und dann Bischof von Rottenburg. Beim Ersten Vatikanischen Konzil spielte er als Kenner der Konziliengeschichte bei der Minorität eine führende Rolle. Seine »Konziliengeschichte« ist in fünf Bänden auch in englischer Sprache erschienen: A History of the Christian Councils, Edinburgh 1872–91, und war damit Bishoy zugänglich.

Tübinger Schule

steht auch in meiner privaten Bibliothek. Hefele gehört derselben von Johann Adam Möhler herkommenden theologischen Tradition an, aus der auch ich komme, und er war einer meiner Vorgänger auf dem Rottenburger Bischofsstuhl.« Da strahlte das Gesicht meines Gegenübers auf, er fiel mir fast um den Hals, wir wurden Freunde, und die ökumenischen Gespräche, die mit ihm zuvor oft recht schwierig und holprig waren, gestalteten sich von da an völlig unkompliziert.

Im Grunde muss ich noch heute staunen: Ein Metropolit der koptischen Kirche, die ihren Ursprung auf den Evangelisten Markus zurückführt und apostolische oder zumindest unmittelbar nachapostolische Wurzeln hat, die den Kirchenvater Athanasius, der für die uns gemeinsame Lehre von der wahren Gottheit Jesu Christi wie ein Löwe kämpfte, als einen der ihren betrachtet, die auf uns westliche Christen einen archaischen Eindruck macht, die aber über die Jahrhunderte durch viele Verfolgungen gestählt und bis heute eine lebendige und auch junge Kirche ist – ein Metropolit dieser Kirche ist, ohne es zu wissen, von Tübinger Theologie im Geist Johann Adam Möhlers »infiziert«.

Ganz so abwegig ist diese Vermutung nicht. Denn der bekannteste Vertreter der Tübinger Schule, Johann Adam Möhler (1796–1838) hat sich in dem seinen Ruhm begründenden Frühwerk »Die Einheit in der Kirche« (1825) an den Kirchenvätern der ersten drei Jahrhunderte orientiert, die wir mit der koptischen Kirche und den anderen orientalisch-orthodoxen Kirchen gemeinsam verehren. Durch seine Beschäftigung mit »Athanasius, der Große und die Kirche seiner Zeit« (1827), den die Kopten als einen der ihrigen betrachten, hat Möhler den Durchbruch zur Christozentrik seines Hauptwerkes, der »Symbolik« (1832), geschafft und ist damit zu einem wichtigen Wegbereiter des ökumenischen Gesprächs mit den aus der westlichen Tradition kommenden evangelischen Kirchen geworden. In der Begegnung mit Metropolit Bishoy ging mir auf, dass man die Bedeutung der Tübinger Schule auch für das Gespräch mit den altehrwürdigen Kirchen östlicher Tradition nicht unterschätzen darf. Das war für mich zumindest ein Grund, mich nochmals mit der Tübinger Schule zu beschäftigen und dabei neue Entdeckungen zu machen.

II. Katholisch-theologische Tübinger Schule

Die katholisch-theologische Tübinger Schule ist in der theologischen Welt ein international fest eingeführter Begriff.[2] Erst jüngst kam es zu einer Diskussion, ob man wirklich von einer katholisch-theologischen Schule reden kann.[3] Um zu verstehen, was

---

2 Zusammenfassend: M. Seckler, Tübinger Schule, in: LThK[3] 10 (2001), 287–290. Wichtige Gesamtdarstellungen: K. Adam, Die katholische Tübinger Schule, in: Gesammelte Aufsätze, hg. von F. Hofmann, Augsburg 1936, 389–412; J. R. Geiselmann, Die katholische Tübinger Schule. Ihre theologische Eigenart, Freiburg i. Br. 1964; H. Fries, in: LThK[2] 10 (1965), 390–392; L. Scheffczyk, Theologie im Aufbruch und Widerstreit. Die deutsche katholische Theologie im 19. Jahrhundert, Bremen 1965; B. Welte, Zum Strukturwandel der katholischen Theologie im 19. Jahrhundert, in: ders., Auf der Spur des Ewigen. Philosophische Abhandlungen über verschiedene Gegenstände der Religion und der Theologie, Freiburg i. Br. 1965, 380–409; Beobachtungen zum Systemgedanken in der Tübinger katholischen Schule, in: ders., Zeit und Geheimnis. Philosophische Abhandlungen zur Sache Gottes in der Zeit der Welt, Freiburg i. Br. 1975, 241–257; W. Kasper, in: WKGS 6 (2014) 323–388; WKGS 7, 665–690; M. Kessler/ M. Seckler (Hg.), Theologie, Kirche, Katholizismus. Beiträge zur Programmatik der Katholischen Tübinger Schule, Tübingen 2003; J. Ratzinger, Anmerkungen zur Aktualität von Johann Sebastian Drey, in: ebd., 1–6.

3 Dazu R. Reinhardt, Tübinger Theologen und ihre Theologie. Quellen und Forschungen zur Geschichte der Katholisch-Theologischen Fakultät (Contubernium 16) Tübingen 1977; U. Köpf, Die theologischen Tübinger Schulen, in: Contubernium 40, Sigmaringen 1994, 9–51; A. Holzem, Tübinger Schule? Tübinger Theologie als Zeitgeschichte im 19. und 20. Jahrhundert, in: Jahres- und Tagungsberichte der Görres-Gesellschaft 2013, 13–33, sowie das Sonderheft der Tübinger Theologischen Quartalschrift 2018: 200-jähriges Jubiläum der katholisch-theologischen Fakultät der Universi-

mit Tübinger Schule gemeint ist, muss man sich in die Situation am Ende des 18. und zu Beginn des 19. Jahrhunderts zurückversetzen. Das Jahr 1800 war eine Epochenschwelle. Die Französische Revolution (1789) löste einen Schock aus, die Revolutionskriege Napoleons pflügten das alte Europa geradezu um, und mit dem Reichsdeputationshauptschluss (1806) waren eineinhalb Jahrtausende der seit der Konstantinischen Wende bestehenden Reichskirche zu Ende. Die Kirche als Institution und mit ihr die theologischen Einrichtungen lagen am Boden. Eine Revision des Zustands der Theologie und der Kirche und eine tiefgreifende Reform und Erneuerung der Kirche aus dem Geist des Christentums waren notwendig.[4]

Wie nicht anders zu erwarten, meldeten sich restaurative Tendenzen zu Wort, sie wollten sozusagen eine Revolution der Revolution der Aufklärung und der Französischen Revolution.[5] Wichtiger waren die Aufbruchsbewegungen, welche das Positive der neuen Zeit und die Chance erkannten, sich neu auf die Ursprünge der Kirche zu besinnen.[6] In diesem Sinn sammelte sich um Johann Michael Sailer (1751–1832), der selbst den Weg von der Aufklärung zur Romantik gegangen war, ein Kreis junger Theologen.[7]

---

tät Tübingen mit Beiträgen von J. Rahner, H. Wolf, A. Holzem/V. Leppin u. a.; C. Bauer, Nicht ohne die Anderen? 200 Jahre katholische Theologie in Tübingen, in: feinschwarz.net. Theologisches Feuilleton (2018).

4 In diesem Sinn die beiden »Gründungsdokumente« der Tübinger Schule: J. S. Drey, Revision des gegenwärtigen Zustands der Theologie (1812) und Vom Geist und Wesen des Katholizismus (1819), in: J. R. Geiselmann (Hg.) Geist des Christentums und des Katholizismus, Mainz 1940, 83–97; 193–234.

5 W. Kasper, Die Lehre von der Tradition in der Römischen Schule (1962) in: WKGS 1 (2011), 122–132.

6 R. Aubert, Das schwierige Erwachen der katholischen Theologie im Zeitalter der Restauration. Zur Würdigung der Katholischen Tübinger Schule, in: ThQ 148 (1968) 9–38.

7 J. R. Geiselmann, Von lebendiger Religiosität zum Leben der Kirche. Johann Michael Sailers Verständnis der Kirche geistesgeschichtlich gedeu-

Zu ihnen gehörte der junge Johann Sebastian Drey (1777–1853), der zuerst in Ellwangen, dann ab 1817 in Tübingen zur Gründergestalt der Tübinger Schule geworden ist. Sie hat im Übergang von der Aufklärung zur Romantik und zum deutschen Idealismus einen epochalen theologischen Neuaufbruch eingeleitet.[8]

Der weltweit bekannteste Name neben Johann Sebastian Drey ist Johann Adam Möhler. Dazu kommen der Moral- und Pastoraltheologe Johann Baptist Hirscher, die beiden Systematiker Johann Evangelist Kuhn und Franz Anton Staudenmaier, später die Kirchenhistoriker Karl Joseph Hefele und Franz Xaver Funk. Sie alle verstanden sich neuzeitlich als »Selbstdenker«. Was man als katholisch-theologische Tübinger Schule bezeichnet, ist darum keine theologische Schule im herkömmlichen Sinn, wonach alle, die zu der Schule gehören, gemeinsame Schulthesen vertreten, wie man es etwa von der Dominikaner- oder der Franziskanerschule kennt. Sie war auch keine Schule im institutionellen Sinn, dass alle in Tübingen lehrenden Professoren der katholischen Theologie sich dieser Schule verpflichtet wussten. Im Gegenteil, an Auseinandersetzungen hat es in der Tübinger katholisch-theologischen Fakultät nie gefehlt. Sie waren nicht immer erbaulich, aber auf ihre Weise auch ein Zeichen lebendiger Theologie.

Die katholische Tübinger Schule war eine Denkschule, die einen neuen geschichtlichen Denkstil und eine geschichtliche Denkform in die Theologie eingebracht hat. Sie hat sich der in der

tet, Stuttgart 1952; G. Schwaiger (Hg.), Johann Michael Sailer und seine Zeit, Regensburg 1982.

8 Grundlegend: J. S. Drey, Kurze Einleitung in das Studium der Theologie mit Rücksicht auf den wissenschaftlichen Standpunkt und das theologische System (1819), eingeleitet und neu herausgegeben von M. Seckler in: Johann Sebastian Drey, Nachgelassene Schriften Bd. 3, Tübingen 2007. Zur Drey-Forschung: Vgl. A. P. Kustermann (Hg.), Revision der Theologie – Reform der Kirche, Würzburg 1994; M. Kessler/O. Fuchs (Hg.), Theologie als Instanz der Moderne. Beiträge und Studien zu Johann Sebastian Drey und zur Katholischen Tübinger Schule, Tübingen 2005.

Tübinger Schule

Neuzeit aufgekommenen neuen Sicht der Wirklichkeit gestellt, welche die Welt nicht mehr als vorgegebene Ordnung, sondern als Geschichte versteht.[9] Lessings »Die Erziehung des Menschengeschlechts« (1780), Schellings und Hegels große geschichtliche Systementwürfe wirkten inspirierend und halfen, das Christentum nicht als zeitloses Lehrsystem, sondern in Weiterführung der Kirchenväter als Heilsgeschichte *(oikonomia)* und Erziehungsgeschichte Gottes *(paideia)* zu begreifen. Dabei mussten die Tübinger selbst lernen, dass das Verstehen von Geschichte selbst wieder vom eigenen geschichtlichen Standort aus geschieht und darum nie abschließend in ein evolutives oder dialektisches System aufhebbar ist.[10] So haben die Tübinger Schule selbst wie einzelne ihrer Vertreter und ihre Rezeption wieder eine Geschichte.

9 Es ist in der Theologie üblich geworden, die Neuzeit und die Moderne eingleisig auf der Linie Descartes-Kant unter dem Stichwort Subjektivität zu verstehen und daraus eine anthropologische Wende der Theologie abzuleiten. Das wird der Vielschichtigkeit der Neuzeit nicht gerecht. Neben Descartes-Kant steht Pascal; dazuhin gab es pantheistische (Spinoza), metaphysische (Leibniz), naturphilosophische und empirisch naturwissenschaftliche Entwürfe und vor allem bei Vico, Herder und Lessing eine in die Romantik und in den Idealismus und von dort in den Marxismus einmündende geschichtliche Denkform, welche die Subjektivitätsphilosophie zwar in sich aufnahm, das Subjekt aber geschichtlich vermittelt verstand. Alle diese Denkansätze haben sich vielfach überlappt und wirken bis heute nach. Wir können nicht hinter Kant zurück, aber wir können und müssen mit dem Idealismus des 19. Jahrhunderts und mit der phänomenologischen und der sprachphilosophischen Wende des 20. Jahrhunderts über ihn hinaus.

10 Zu diesem Weg P. Stockmeier, Die Kirchenväter in der Theologie der Tübinger Schule. Vom statischen Historismus zur historischen Interpretation, in: Theologie im Wandel. Festschrift zum 100jährigen Bestehen der katholisch-theologischen Fakultät der Universität Tübingen 1817–1967, München 1967, 131–154; B. Welte, Beobachtungen zum Systemgedanken in der Tübinger katholischen Schule, in: Zum Strukturwandel der katholischen Theologie im 19. Jahrhundert, in: ders., Auf der Spur des Ewigen [Anm. 2].

In diesem Sinn war die Tübinger Theologie eine geschichtlich orientierte, in der Geschichte der Kirche wie in der Geschichte ihrer Zeit verortete, eine kirchliche und eine zugleich weltoffene Theologie, kein Überzeitlichkeit beanspruchendes System, vielmehr eine »Theologie im offenen Strom der Zeit«.[11]

Der neue theologische Denkstil hat seinen Ursprung und seinen Bezugspunkt in Tübingen. Er ist jedoch keine Tübinger Spezialität geblieben. Schon in der ersten Generation wirkte er über Tübingen hinaus, nach Gießen, Freiburg i. Br., München, Würzburg und dann weltweit über den deutschen Sprachraum hinaus. Diese Rezeptionsgeschichte müsste erst noch geschrieben werden.[12]

Mit dem Tod von Hegel (1831) und Schelling (1854) war die große Zeit des Idealismus, in welcher die frühe Tübinger Schule blühte, vorbei. Ein positivistischer Geist hielt Einzug, und im kirchlichen Leben wie in der Theologie war nicht mehr der weite Atem der Gründer- und Anfangszeit zu verspüren, vielmehr setzte sich die auf äußere Abgrenzung und innere Geschlossenheit bedachte epigonenhafte Neuscholastik immer mehr durch.[13]

Das führte in die Krise des Modernismus, über die gleich noch zu sprechen sein wird. Erst als mit dem Ende des Ersten Welt-

---

11 W. Kasper, Verständnis der Theologie damals und heute (1967), in: Theologie im Diskurs (WKGS 6) 2014, 323–350.

12 S. Warthmann, Die Katholische Tübinger Schule. Zur Geschichte ihrer Wahrnehmung, Stuttgart 2011, ist nur ein Anfang, der sich auf die frühe Entstehungszeit beschränkt. Zur weiteren Rezeption sind in Frankreich zu nennen G. Goyau, M.-D. Chenu, Y. Congar, H. de Lubac, P. Chaillet u. a., in England J. H. Newman, in Italien G. Perrone, C. Passaglia, J. B. Franzelin sowie A. Rosmini, in den USA A. Dulles, G. A. McCool, Th. F. O'Meara, C. Kaplan, A. Nicols, M. J. Himes, R. A. Krieg u. a. Die direkte oder indirekte Rezeptionsgeschichte in der orthodoxen Theologie, in Lateinamerika, Russland müsste erst noch aufgearbeitet werden.

13 P. Walter, Neuscholastik, Neuthomismus, in: LThK³ 7 (1998) 779–782. Wichtig ist die Enzyklika Leos XIII., *Aeterni Patris* (1879).

kriegs die bürgerliche Epoche des 18./19. Jahrhunderts zu Ende war, kam es in der Philosophie zur phänomenologischen Wende »zu den Sachen selbst« (Edmund Husserl; Max Scheler). In der evangelischen Theologie schlug Karl Barth in seinem Römerbrief die Alarmglocke gegen den liberalen Kulturprotestantismus.[14] In der katholischen Theologie kam es vor allem in Deutschland und in Frankreich in der biblischen, liturgischen, patristischen, kerygmatischen und pastoralen Erneuerung zu einer Neubesinnung auf die Quellen des kirchlichen Lebens und des theologischen Denkens.[15]

In dieser neuen Aufbruchssituation entdeckten S. Lösch und J. R. Geiselmann die frühe Tübinger Schule neu. Sie fand nicht nur in Tübingen, sondern weit darüber hinaus Interesse und half zusammen mit den anderen Erneuerungsbewegungen, den Weg zum Zweiten Vatikanischen Konzil (1962–1965) vorzubereiten. Es ist nicht die geringste indirekte Fernwirkung der Tübinger, dass das Konzil die neuscholastische Thesentheologie sang- und klanglos beerdigte und eine von der Bibel ausgehende geschichtlich vorgehende Theologie forderte (OT 16).

14 K. Barth, Der Römerbrief (1919) GA 16, zweite völlig überarbeitete Auflage (1922) GA 47.

15 Neben der Erneuerung aus den Quellen, gab es eine zweite einflussreiche Erneuerungsbewegung, welche auf der Linie Maurice Blondel – Joseph Maréchal – Karl Rahner und seiner Schule an der Subjektivitätsphilosophie Kants und an der Existentialphilosophie des frühen Heidegger anknüpfte und eine anthropologisch gewendete Theologie entwarf, die bei Hans Urs von Balthasar und Joseph Ratzinger auf deutliche Reserven stieß. Mein eigener Versuch, das neuzeitliche geschichtliche Denken aufzugreifen, berührt sich in gewisser Weise mit W. Pannenbergs Programmschrift »Offenbarung und Geschichte« (1961), ist aber nicht an der universalgeschichtlichen Konzeption Hegels, sondern mehr an deren Scheitern in der Spätphilosophie Schellings orientiert. Hermeneutisch habe ich H. G. Gadamer, Wahrheit und Methode (²1965) aufzugreifen versucht. Vgl. W. Kasper, Die Methoden der Dogmatik. Einheit und Vielfalt, München 1967. Weitergeführt in: WKGS 6 (2014) und WKGS 7 (2015).

Vor allem Johann Adam Möhler wurde für viele zu einer Art neuem Kirchenvater; in jüngerer Zeit tritt Johann Sebastian Drey gleichrangig an seine Seite.[16] Karl Barth spricht, wenngleich in kritischer Absetzung, von der nicht genug zu beachtenden Existenz der katholischen Tübinger Schule und von Möhler als dem Vater des neueren deutschen Katholizismus.[17] Inzwischen werden neben J. S. Drey und Möhler, auch J. E. Kuhn und F. A. Staudenmaier, in der Moral- und Pastoraltheologie J. B. Hirscher neu entdeckt, dies mit einer Wirkungsgeschichte, die – wie im Folgenden zu zeigen sein wird – weit über den Bereich der Theologie hinausstrahlte.

III. Der Modernismus – Krise und Neuanfang

Rang und Weite dieses Aufbruchs ist mir durch eine zweite überraschende Entdeckung aufgegangen: Romano Guardini (1885–1968) und Martin Heidegger (1889–1976), beide für das theologische und philosophische Denken im 20. Jahrhundert von überragender Bedeutung, verdanken nach eigenem Bekunden wesentliche Anstöße ihres Denkens der Tübinger Schule des frühen 19. Jahrhunderts. Sie sind keine Tübinger geworden, haben aber von Tübingen entscheidende Anstöße erhalten, die sie befähigten, eigenständig weiterzudenken und dabei noch über das 20. Jahrhundert hinauszudenken. Beide verklammern in gewisser Weise die frühe Tübinger Schule mit deren Neuaufnahme im 20. Jahrhundert und führen zugleich weiter zu den neuen Fragestellungen im beginnenden 21. Jahrhundert.

---

16 H. Wagner (Hg.), Johann Adam Möhler. Kirchenvater der Moderne, Paderborn 1996; M. Kessler/O. Fuchs (Hg.), Theologie als Instanz der Moderne [Anm. 8].
17 K. Barth, Kirchliche Dogmatik, I/2, 622f. 624.

Tübinger Schule

Der Weg Guardinis wie Heideggers führt über zwei wenig bekannte, späte Vertreter, man könnte auch sagen zwei Ausläufer der älteren Tübinger Tradition: Carl Braig (1853–1923) in Freiburg und Wilhelm Koch (1874–1955) in Tübingen. Beide lehrten in der schwierigen Übergangszeit vom 19. zum 20. Jahrhundert inmitten der Modernismus-Krise. Es war eine krisengeschüttelte Zeit, eine der tiefsten Krisen der gesamten Kirchengeschichte. Die Wagenburgmentalität einer epigonenhaften Scholastik, die sich auf die große Scholastik eines Thomas von Aquin zwar berief, aber nur deren Buchstaben und nicht deren weiten und offenen Geist teilte, führte zu einer geistigen Verarmung, oft zu fanatischer Engstirnigkeit und zur Entfremdung von den gesellschaftlichen und kulturellen Entwicklungen. Theologen, welche den Anschluss an die neuen geistigen und kulturellen Herausforderungen, besonders an das neuzeitliche historische Denken suchten, wurden des Modernismus verdächtigt.

Modernismus war und ist ein schwammiger Begriff. Erst die Enzyklika *Pascendi dominici gregis* (1907), die ihn als Sammelbecken aller Häresien verurteilte, konstruierte aus den unterschiedlichen Ansätzen ein einheitliches System.[18] Damit war bei aller berechtigten Kritik an einzelnen subjektivistischen, relativistischen, evolutionistischen Positionen ein Generalverdacht ausgesprochen, der sich gegen jeden auf Erneuerung drängenden Geist richten konnte. Auch kirchlich gesinnte, auf Erneuerung bedachte Theologen gerieten ins Visier der Kritik, wurden an den Rand gedrängt, zensuriert und hinausgedrängt.

Carl Braig und Wilhelm Koch spielten in dieser von Misstrauen und Angst geprägten Situation eine unterschiedliche Rolle. Beide waren keine angepassten Typen, aber menschlich wie theo-

---

18 Zusammenfassend: O. Weiß, Modernismus, in: LThK³ 7 (1998), 367–370. H. Wolf (Hg.), Antimodernismus und Modernismus in der katholischen Kirche. Beiträge zum theologiegeschichtlichen Vorfeld des II. Vatikanums, Paderborn 1968, 67–106.

logisch sehr verschieden. Carl Braig kam aus Tübingen, war menschlich schwierig und konnte auch deshalb dort als Nachfolger von Johann Evangelist Kuhn (1806–1887), des bedeutendsten Tübinger Systematikers, nicht reüssieren. Er lehrte in Freiburg zuerst philosophisch-theologische Propädeutik und dann von 1897 bis 1919 Dogmatik.[19] Von dem klaren begrifflichen dialektischen Denken Kuhns geprägt, entwickelte er sich zum scharfen Kritiker der »modernen Christen« und der mit ihnen aufkommenden Gefühls- und Gemütsreligion, die er auf Friedrich Schleiermacher zurückführte. Er war wohl der Erste, der schon 1882 den Ausdruck Modernismus geprägt und sich apologetisch sowohl von den liberalen Strömungen wie von der Neuscholastik abgegrenzt hat.

Ganz anders Wilhelm Koch.[20] Auch er kam aus Tübingen und wurde dort 1905 außerordentlicher Professor für Dogmatik und Apologetik. Anders als Braig war er kein spekulativer Kopf, sondern ein den Lebensfragen und den historischen Fragen zugewandter Theologe. Er versuchte sich den neuen historischen Anfragen redlich zu stellen und den Lebenswert des Dogmas herauszustellen. Doch schon das genügte damals, um Verdacht zu erwecken. Obwohl kein Modernist und kein Reformtheologe, war er aufgrund von Intrigen, die nicht nur in Rottenburg, son-

---

19 Zu Braig: F. Stegmüller, Braig, in: LThK² 2 (1958), 642; A. Raffelt, Braig, in: LThK³ 2 (1994), 629; Th. F. O'Meara, Church and Culture, Notre Dame 1991, 127–140; D. Esch, Apostolat der Dialektik. Leben und Werk des Freiburger Theologen und Philosophen Carl Braig (1853–1923), Freiburg i. Br. 2004 (11–13 weitere Lit.).

20 Zu W. Koch: K. Färber, Erinnerungen an Wilhelm Koch, in: ThQ 150 (1970) 102–115; M. Seckler, Theologie vor Gericht. Der Fall Wilhelm Koch – Ein Bericht, Tübingen 1972; LThK³ 6 (1997), 166; H. Wolf, »Hätte ich Stenogramme lesen können ...«. Keppler-Briefe aus den Jahren 1911–1913 zum »Fall Wilhelm Koch«, in: Bausteine zur Tübinger Universitätsgeschichte 6, hg. von V. Schäfer, 1992, 91–108.

dern auch in Tübingen gesponnen wurden, 1916 gezwungen, seinen Lehrstuhl aufzugeben und in die Seelsorge zurückzukehren.

Wilhelm Koch war kein überragender Theologe, aber ein redlicher Charakter und im Grunde eine tragische Gestalt. Denn bald nach seinem Weggang von Tübingen setzten nach dem Ersten Weltkrieg in Deutschland wie in Frankreich liturgische, biblische, patristische, pastorale und theologische Erneuerungsbewegungen ein, die den Weg zum Zweiten Vatikanischen Konzil bereiteten. Bei diesem Aufbruch fiel Guardini theologisch und Heidegger philosophisch eine wichtige Rolle zu. Beide dachten am Ende weit über die damalige Zeit und Bewegung hinaus in die Nach-Neuzeit des 21. Jahrhunderts. Beiden kommt darum heute erneut Bedeutung zu.

Das Zweite Vatikanum hat für viele der Fragen, die durch den Modernismus aufgeworfen wurden, einen Freiraum geschaffen und frische Luft in die Kirche und in die Theologie gebracht. In anderen Fragen ist das Konzil freilich auf halber Strecke stehen geblieben. Das hat am Ende des letzten und zu Beginn des neuen Jahrhunderts wieder zu einer Krise geführt. Die Grundfragen von damals, Anpassung, Widerstand oder konstruktive Auseinandersetzung mit der postmodern veränderten Situation, stellen sich darum neu. Es geht nicht primär um die in der Öffentlichkeit behandelten »heißen Eisen«, es sind die tiefer liegenden Grundfragen, zu deren Beantwortung uns die Rezeption der Tübinger Schule durch die beiden Denker des letzten Jahrhunderts, Guardini und Heidegger, weiterhelfen können. Beide haben über das 20. Jahrhundert ins kommende 21. Jahrhundert vorausgedacht.

IV. Romano Guardini – der Grenzgänger

In der konfliktgeladenen Zeit um die Wende vom 19. zum 20. Jahrhundert war es für den aufgeweckten, aber schüchternen, melancholischen jungen Romano Guardini nicht einfach, seinen

Romano Guardini und Martin Heidegger

Weg zu finden und zur Klarheit über seinen Beruf und seine Berufung zu kommen.[21] Die beiden ersten Semester zum Studium der Chemie in Tübingen 1903 waren ein Fehlschlag; ebenso unbefriedigend verliefen die Semester zum Studium der Nationalökonomie in München und in Berlin. Guardini stürzte in eine innere Krise. Seine religiösen Überzeugungen wurden immer weniger; es blieb »der Gedanke eines Allwesens, das hinter allem webt und waltet, von dem man aber nichts Deutliches sagen kann«. »Der Glaube als bewusster Akt war immer schwächer geworden und schließlich gestorben.«[22]

Der Schlüssel, um seine gesamte weitere Entwicklung zu verstehen, findet sich in der Zeit seines Studiums in Berlin in einer Einsicht, die ihm im Dachkämmerchen seines elterlichen Hauses in Mainz zuteilwurde. In Gespräch mit seinem Freund Karl Neundörfer stießen beiden auf den Satz aus dem Matthäusevangelium: »Wer seine Seele festhält, wird sie verlieren; wer sie aber hergibt, wird sie gewinnen« (10,39). Guardini wurde klar, »dass ein Gesetz bestehe, wonach der Mensch, wenn er … in sich selbst bleibt und nur als gültig annimmt, was mir unmittelbar einleuchtet, das Eigentliche verliert. Will er zur Wahrheit und in der Wahrheit zum wahren Selbst gelangen, dann muss er sich hergeben«. Es war ihm klar: So einfordern kann nur Gott. Es bedarf freilich einer objektiven Instanz, die meine Antwort aus dem letzten Schlupfwinkel der Selbstbehauptung herausziehen kann. Das aber ist nur eine einzige: die katholische Kirche in ihrer Autorität

---

21 R. Guardini, Berichte über mein Leben. Autobiographische Aufzeichnungen, Düsseldorf 1984, 25. Zu Guardinis Aufenthalt und Begegnungen in Tübingen in dem vom Freundeskreis Mooshausen e. V., herausgegebenen Band Romano Guardini (2018) der Beitrag von A. Knoll, Folgenreiche Begegnungen, 31–105; W. Ferber, Romano Guardini, in: Zeitgeschichte in Lebensbildern, hg. von R. Morsey, Bd. 1, Mainz 1973, 288; H.-B. Gerl, Romano Guardini. Leben und Werk, Mainz 1985; A. Krieg, Romano Guardini. A Precursor of Vatican II, Notre Dame 1997.
22 Guardini, Berichte [Anm. 21], 68f.; 70f.

und Präzision. So entscheidet sich alles letztlich nicht vor Gott, sondern vor der Kirche.»Die größte Chance der Wahrheit ist dort, wo die größte Möglichkeit der Liebe, d. h. der Selbsthingabe ist.«[23]

Mit dieser Schlüsselerfahrung hatte Guardini seinen religiösen Mittelpunkt gefunden. Aber er brauchte nochmals eine Zeit des Fragens und Suchens, bis ihm sein Berufsziel klar wurde: Theologe, und das hieß damals Priester zu werden. Doch wo und bei wem in den damaligen kirchlich zerklüfteten Zeiten Theologie studieren? Guardini wollte nach Würzburg gehen. Davon wurde ihm strikt abgeraten. Denn in Würzburg war das ganze Lebenswerk von Herrmann Schell, der bei Johann Evangelist Kuhn in Tübingen promoviert hatte, auf den Index gekommen. So legte man ihm nahe, nach Freiburg zu gehen,»dessen Fakultät als korrekt galt«.[24]

Das Studium in Freiburg (1906/07) machte Freude. Guardini hörte bei Carl Braig, aber er blieb innerlich unberührt.»Jenes Eigenste, vom dem her man allein wirklich in Bewegung kommen und schöpferisch werden kann, schlief in mir immer noch.« Carl Braig war ein Grübler; seine Vorlesungen waren für die Hörer zu schwer; so war er nicht sehr geschätzt. Doch machten einige Sätze aus Braigs »Abriss der Philosophie« einen starken Eindruck auf ihn.»Ein philosophischer Urlaut war darin.«[25] Doch der ging ihm erst bei einem späteren zweiten Aufenthalt zur Promotion in Freiburg (1912–1915) auf.[26] Danach hat ihn die Erinnerung an Braig und dessen Betonung der objektiven Wahrheit innerlich

23 Guardini, Berichte [Anm. 21], 71f.
24 Guardini, Berichte [Anm. 21], 76. Durch die Arbeiten von P. W. Scheele, K. Wittstadt u. a. gilt H. Schell heute als rehabilitiert.
25 Guardini, Berichte [Anm. 21], 25.
26 Guardini, Berichte [Anm. 21], 25f.; vgl. auch die Briefnotizen Guardinis in: »Ich fühle, daß Großes im Kommen ist.« Romano Guardinis Briefe an Josef Weiger 1908–1962, hg. von H.-B. Gerl-Falkovitz, Ostfildern-Paderborn 2008, 64; 146f.

Romano Guardini und Martin Heidegger

nicht mehr losgelassen. Noch 20 Jahre später widmete er ihm sein Buch »Vom Leben des Glaubens« (1935).

Zunächst fand Guardini in Freiburg nicht, was er brauchte. Immerhin erhielt er einen Wink. Während seines ersten Aufenthalts in Freiburg kam er bei dem Religionsphilosophen Bernhard Rosenmöller mit den damaligen theologischen Fragen in Berührung und empfand den Wunsch, darüber mehr zu wissen, als in Freiburg möglich war.[27] So wechselte er nach zwei Semestern erneut die Fakultät und ging nach Tübingen (1907–1908). Dort zog ihn der Tübinger Dogmatiker Wilhelm Koch an. Ihm ging der Ruf voraus, ein »moderner Theologe« zu sein. In der »lieben alten Stadt« fühlte er sich »unendlich wohl«; er liebte das schwäbische Wesen und die Umgebung der Stadt mit ihrer »berührenden Lieblichkeit«. In Tübingen fand er Freunde, allen voran Josef Weiger, mit dem ihn dann eine lebenslange Freundschaft verband. So wurden die drei Semester in Tübingen »die glücklichsten und fruchtbarsten seiner ganzen Studienzeit«, in denen er »innerlich aufgewacht« ist.[28]

Zwar hatte Guardini in Mainz seine innere Mitte gefunden; aber er trug gegensätzliche Möglichkeiten in sich und brauchte Zeit, jene Eindeutigkeit zu erwerben, welche andere von vorneherein mitbringen.[29] Dazu halfen ihm vor allem die Vorlesungen und die persönlichen Begegnungen mit dem Tübinger Dogmatiker Wilhelm Koch, der auch sein Beichtvater wurde. Zusammen mit Philipp Funk, Hermann Hefele, besonders Josef Weiger und Karl Neundörfer und anderen, die als Reformkatholiken gelten, gehörte er zu dem engeren Kreis um Wilhelm Koch.[30] Sie alle

---

27 Guardini, Berichte [Anm. 21], 78.
28 Guardini, Berichte [Anm. 21], 79–81.
29 Guardini, Berichte [Anm. 21], 79.
30 Die Namen Philipp Funk und Hermann Hefele im Kreis um W. Koch machen das Verquere der damaligen Situation deutlich. Beide hätten zur geistigen Avantgarde einer erneuerten Kirche werden können, mussten aber 1908 das Priesterseminar in Rottenburg verlassen. Auch Guardini

schätzten an Koch die Ehrlichkeit und die Gewissenhaftigkeit, mit der er die historischen Probleme, um die in der Modernismus-Krise gerungen wurde, offen und ehrlich darlegte. Diese Ehrlichkeit hatte für den jungen Guardini in diesen Jahren des Höhepunkts der Modernismus-Krise mit der Enzyklika *Pascendi dominici gregis* und dem *Syllabus* (1907) und inmitten des erstarrten autoritär-scholastischen Gedankenwesens etwas Befreiendes; sie hat »den Geist gereinigt und das Urteil selbständig gemacht«. Er empfand Kochs Denken »wie reine Luft und klaren Raum«.[31]

Koch brachte offen und ehrlich zur Sprache, was viele bewegte, was andere aber durch das Gewicht der Autorität erdrückten oder durch das Pathos der Bedingungslosigkeit des Glaubens einschüchterten. »Das machte frei.« »Die Wahrheit war ihm in einer Weise ernst, dass man fühlte, sie wurde bei ihm zum Charakter.« »So war er für uns der Mann, welcher der Wahrheit Zeugnis gab, ein Kämpfer, um den sich ein Verhängnis zusammenzog. Und wir standen mit ganzem Herzen zu ihm.« »Wie manches Mal haben wir da gesessen und uns um ihn gesorgt.« Manche hat er beunruhigt, »anderen aber durch seine Ehrlichkeit den Geist gerettet und das Urteil selbständig gemacht«. Guardini und seine Freunde hielten darum zu Koch, der vom Rottenburger Regens Benedikt Rieg bekämpft wurde, »und zwar – die so häufige Sünde der Orthodoxie – in einer nicht sehr hochstehenden Weise«.[32]

Koch hat Guardini »aus der ruhigen Sicherheit des Herkömmlichen herausgerissen, ohne etwas Entsprechendes zu geben«. Bei aller persönlichen Hochschätzung hielten Guardini und seine

---

wäre wegen einer Anzeige um ein Haar von den Weihen ausgeschlossen worden (Berichte, 93). Josef Weiger erhielt eine Pfarrei am äußersten Rand der Diözese in dem kleinen Mooshausen, wo im Pfarrhaus Guardini oft Ferien machte und nach dem kriegsbedingten Weggang von Berlin 1943–45 Unterschlupf fand. Seit 1993 besteht im alten Pfarrhaus Mooshausen das Zentrum eines Guardini-Weiger-Freundeskreises.

31 Guardini, Berichte [Anm. 21], 85.
32 Guardini, Berichte [Anm. 21], 83.

Freunde Koch nicht für einen großen Theologen. Es fehlte ihm der Blick auf das Wesentliche und die Kraft zur Synthese. Er sah »fast nur das geschichtlich biblische Faktum«. Er legte zwar als einer der Ersten den Lebenswert der Dogmen dar, aber es fehlte ihm »die Kraft, in das Wesen einzudringen und den Reichtum der Zusammenhänge aufzuschließen«. Es blieb bei der positiven Theologie. Es war in ihm »eine gewisse Kärglichkeit«. Er hatte zu viel Respekt vor der Wissenschaft, wie sie damals verstanden wurde; »dafür zu wenig Bewusstsein von der Offenbarung als gebender Tatsache und Kraft«.[33]

Die »Offenbarung als gebende Tatsache und Kraft« ist ein Schlüsselsatz, um Guardinis weiteren eigenen Weg zu verstehen. Guardini schätzte den Wahrheitswillen bei Koch, doch machte dieser ihn zugleich frei, seinen eigenen Weg zu gehen, um tiefer das Wesen gläubig theologischer Erkenntnis von anderer Erkenntnis zu unterscheiden und aus ihr als Quelle heraus zu denken und in der objektiven Wahrheit die Möglichkeit eines Existierens zu entdecken. Kirche und Dogma waren dann nicht, worauf es bei Koch hinauslief, Grenze und Einschränkung, sondern Mittelpunkt. Guardini und seine Freunde waren »dezidiert nicht-liberal«. Für sie war »die Offenbarung das gebende Faktum der theologischen Erkenntnis und die Kirche als die Trägerin und das Dogma als die Ordnung des theologischen Denkens«. Was die liberale Haltung als Beunruhigung und Fessel empfand, wurde für sie zur Basis des Denkens. Guardini spricht von einer kopernikanischen Wende des gläubigen Geistes.[34]

Damit waren die rein historischen Fragen, die Koch stellte, für Guardini und seine Freunde nicht das Wesentliche. Wichtiger als Gefahr für Glauben und Theologie waren der »Einfluss der liberalen Geisteshaltung und agnostische, relativistische, psychologistische Tendenzen«. Diese Geisteshaltung wurde in den anti-

33 Guardini, Berichte [Anm. 21], 83f.
34 Guardini, Berichte [Anm. 21], 85f.

modernistischen Lehräußerungen verurteilt. Das brachte die von diesen Fragen Ergriffenen in große Not – auch Guardini, der bei Koch die redliche Darlegung dieser Probleme kennengelernt hatte. Dadurch wurde ihm in einer Zeit geistiger Enge die Weite und Wirklichkeit der Welt hinzugeschenkt.[35] Doch wie beides zusammenbringen? Diese Frage stürzte ihn in Ratlosigkeit. Guardini spricht nur mit großer Zurückhaltung von dieser seiner inneren Not.[36] Sie scheint eine tiefe Krise in seinem Leben gewesen zu sein. Zeitlebens war er von einer angefochtenen Zuversicht geprägt. H.-B. Gerl spricht von einem Schock, K. Rahner vom Trauma der Modernismus-Krise bei Guardini.[37]

Nachträglich bekennt Guardini, dass ihn die kopernikanische Wende in seinem Denken nach einer Zeit der Ratlosigkeit zum Fanatiker gemacht hätte. Bei Koch wurde ihm ein Blick auf die Weite und Wirklichkeit der Welt eröffnet. Mit seiner Ehrlichkeit half er ihm aus seiner Not; er half ihm, offen und ehrlich zu sein. Man könnte sagen, er entdeckte: Die Wahrheit macht nicht eng; sie macht frei (Joh 8,31). So half ihm Koch mit seinem Wahrheitsernst, »die Unbedingtheit des gläubigen Denkens mit dem unbefangenen Blick auf die Wirklichkeit der Dinge und dem Reichtum der Kultur ins Verhältnis zu bringen«.[38] Dieses »ins Verhältnis bringen« wurde nun Guardinis Antwort sowohl auf den relativistischen Modernismus wie auf den integralistisch-fanatischen

---

35 Guardini, Berichte [Anm. 21], 83; 86.
36 Guardini, Berichte [Anm. 21], 83.
37 H.-B. Gerl, Romano Guardini [Anm. 21], 57; Angefochtene Zuversicht, in: Romano Guardini, 7–29. K.-H. Wiesemann, Die Grenze als Ort der Gottesbegegnung. Romano Guardini als Grenzgänger und Schwellengestalt, in: K.-H. Wiesemann/P. Reifenberg (Hg.), »In allem tritt Gott uns entgegen«. Zum 50. Todestag von Romano Guardini, Ostfildern 2018, 27–36. Vgl. das Guardini-Lesebuch mit dem Titel »Angefochtene Zuversicht«, hg. von I. Klimmer, Mainz 1985.
38 Guardini, Berichte [Anm. 21], 86.

Antimodernismus. Es war die Antwort einer entschiedenen und zugleich weltoffenen Katholizität.

Eine konkrete Lebensform für eine solche entschiedene und zugleich weltoffene Katholizität begegnete Guardini bei seinen Besuchen in der Tübingen nahegelegenen Benediktinerabtei Beuron. Guardinis Freund Josef Weiger war zuvor Novize in Beuron und hatte die Haltung des benediktinischen Wesens in sich aufgenommen. Für ihn war die Art, wie Koch sprach, eine Weiterführung der befreienden Wirkung Beurons. Weiger hatte gegen die Unfreiheit und Geistlosigkeit des Herkömmlichen opponiert, aber er dachte nicht daran, die religiöse Tiefe und autoritäre Kraft der Tradition loszulassen.[39] In dieser Haltung wurde nun auch Guardini durch seine Besuche in Beuron bestärkt. Bei der Beuroner Liturgie ging ihm die Kirche auf als objektive Hüterin der Wahrheit.[40] Aus dieser benediktinischen Erfahrung entstand Guardinis bahnbrechende und dann in vielen Auflagen zum Klassiker gewordene Schrift »Vom Geist der Liturgie« (1918).

In Tübingen hat Guardini nach langem Ringen die Antwort auf seine Lebensfrage und die Frage nach seiner Berufung gefunden. Um diese Antwort noch etwas genauer zu verstehen, muss man auf einen meist übersehenen Satz in seinem Lebensbericht achten. Er schreibt, dass ihm ursprünglich der Sinn für Geschichte fehlte. Es gab »nur die Idee, das Prinzip, die Entwicklung des Wesenszusammenhangs«. Aber »das, was nicht sein muss, aber ist und in seiner Wirklichkeit die Dignität des Unwiderruflichen und Entscheidenden trägt, spielte keine Rolle«.[41] Die Frage nach dem konkret Lebendigen brannte in Guardinis Herzen schon seit 1905 in seinen Gesprächen mit seinem Freund Karl Neundörfer. Erst nach dem Tod des Freundes konnte Guardini das Buch, das der Schlüssel für das Verständnis seines Werkes darstellt, veröf-

---

39 Guardini, Berichte [Anm. 21], 85.
40 Guardini, Berichte [Anm. 21], 86f.
41 Guardini, Berichte [Anm. 21], 86f.

fentlichen, und auch dort hat er es nur als einen Versuch bezeichnet: »Der Gegensatz. Versuch zu einer Philosophie des lebendig Konkreten« (1925). In diesem genialen Werk geht es um eine Kant überholende »Kritik der konkreten Vernunft«.[42] Im Unterschied zur idealistischen Dialektik gehen die Gegensätze nach Guardini nicht in einer höheren Synthese ineinander über.[43] Guardini entdeckte die Polaritäten als Urphänomen des Lebens, bei dem die Gegensätze sich nicht ausschließen, vielmehr in der Schwebe bleiben und nur in glückhaften Augenblicken ein Maß des Ausgleichs und der Befriedigung erreichen. Es handelt sich um eine offene Denkform. Sie empfindet ihre eigene Grenze nicht als Schranke; sie findet Maß und Mitte und Zukunft, indem sie die Grenze annimmt und so die »Sättigung des Endlichen mit der ihm zugewiesenen Bedeutung, Vollendung« findet.[44] Mit dieser Konzeption des konkret-kontingent Geschichtlichen hat Guardini ein Tübinger Grundanliegen aufgenommen, um es eigenständig postidealistisch für die Zeit nach dem Ende der Neuzeit zu beantworten.

Die Einsicht, dass die Unbedingtheit des Glaubens nicht den Blick verschließt, sondern frei macht für die Vielfalt der Welt und der christlichen Kultur, wie die umgekehrte Einsicht, dass die Vielfalt des konkret Lebendigen nicht in einen alles auflösenden Relativismus münden muss, wie der Antimodernismus fürchtete und Wilhelm Dilthey und Ernst Troeltsch vorführten, brachte Guardini zu dem Projekt der Christlichen Weltanschauung. Sie war als eigene Disziplin weder reine Philosophie noch im strengen Sinn Theologie, vielmehr Interpretation der konkreten Wirk-

42 H.-B. Gerl, Romano Guardini [Anm. 21], 255ff.
43 Der Gegensatz, 91. Zu Kuhns Auseinandersetzung mit Hegels Dialektik vgl. J. R. Geiselmann, Die lebendige Überlieferung als Norm des christlichen Glaubens. Freiburg 1959, 227–254; D. Esch, Apostolat der Dialektik [Anm. 19], 13, 127 spricht bei C. Braig von einem Apostolat der Dialektik.
44 H.-B. Gerl, Romano Guardini [Anm. 21], 208; 262f.

lichkeit und der Kultur im weiten Horizont des christlichen, im ursprünglichen Sinn des Wortes katholischen Glaubens. Sie wurde nun Guardinis Lebensthema. Mit seiner Berliner Antrittsvorlesung 1923 ist sie auch sein akademisches Arbeitsthema geworden.[45] Seinem Lehrer Koch blieb Guardini in bleibender Dankbarkeit verbunden. Als sich die Auseinandersetzungen zuspitzten, die 1916 dazu führten, dass Koch den Lehrstuhl aufgeben musste, drückte Guardini 1913 in einem Brief an seinen Freund Josef Weiger seine Sorgen aus und äußerte die Hoffnung, dass Koch »innerlich gut und frei hindurchkommt«, »wenn's ihn nur innerlich nicht zu sehr mitnimmt«.[46] Die noble Art Guardinis unterscheidet sich wohltuend von den Intrigen in Tübingen wie in Rottenburg. Die Dankbarkeit zeigte sich nochmals, als er 1935 sein Buch über Blaise Pascal, »Christliches Bewusstsein«, »in dankbarer Verehrung« Wilhelm Koch widmete.[47] Man geht wohl nicht fehl in der Annahme, in dieser Widmung eines Buchs, in dem er die religiöse Entscheidung im Leben Pascals beschreibt, einen diskreten Hinweis darauf zu finden, dass ihm die Begegnung mit Koch Hilfe zur eignen Lebensentscheidung und zum Durchbruch seines eigenen Denkens war.

V. Martin Heidegger und die Kehre

Martin Heidegger kam durch die Vermittlung von Carl Braig schon während seiner Studienzeit in Berührung mit der Tübinger

---

45 R. Guardini, Vom Wesen katholischer Weltanschauung, Nachwort von H. Fries, Basel 1953. Dankesrede anlässlich seines 75 Geburtstags, in: Stationen und Rückblicke, Würzburg 1965, 21; H.-B. Gerl, Romano Guardini [Anm. 21], 267–276.
46 R. Guardini, Briefe 1908–1962 [Anm. 26], 103; vgl. 41; 44.
47 R. Guardini, Briefe 1908–1962 [Anm. 26], 400; vgl. 391.

Schule. Er begann 1909 ein viersemestriges Studium der Theologie an der Universität Freiburg.[48] Dort haben sich Heidegger und Guardini in den Jahren 1912/13 kennengelernt. Es entwickelte sich zwischen ihnen ein Briefwechsel.[49] Guardini schrieb 1916 an Heidegger: »Ich glaube, wir gehen wirklich einen gemeinsamen Weg.«[50] Mit seinen nationalsozialistischen Verstrickungen hat Heidegger freilich einen verhängnisvollen anderen Weg eingeschlagen, der einen dunklen Schatten auf ihn und sein Werk fallen ließ. Guardini blieb ihm dennoch in Einschätzung seiner Größe, aber in Abstand zu seinem Denken zeitlebens verbunden.[51]

Es kann in diesem Zusammenhang nicht die Aufgabe sein, den Denkweg Heideggers nachzugehen.[52] Heidegger hat seine theologische Herkunft und seine christlich-katholische Verwurzelung nie verleugnet, aber die traditionelle metaphysische Theologie wie die ganze abendländische Philosophie verfällt bei ihm dem Verdikt der Seinsvergessenheit. So ist sein Verhältnis zur Theologie vielschichtig und unterschiedlich ausdeutbar. Doch die Gottesfrage blieb auch in seinem späteren seinsgeschichtlichen Denken, vor allem im Anschluss an Hölderlin wie mit Anklängen an die augustinische Lichtmetaphysik und an Meister Eckhart,

---

48 J. Schaber, Der Theologiestudent Martin Heidegger und sein Dogmatik-Professor Carl Braig, in: FDA 2005, 329–347; M. Fischer, Religiöse Erfahrung in der Phänomenologie des frühen Heidegger (FSÖTh 130), Göttingen 2013.

49 R. Guardini, Briefe 1908–1962 [Anm. 26], 154, 182f., 308, 358.

50 R. Guardini, Briefe 1908–1962 [Anm. 26], 182f.

51 R. Guardini, Wahrheit des Denkens und Wahrheit des Tuns. Notizen und Texte 1942–1964, Paderborn 1980, 112; vgl. H.-B. Gerl, Romano Guardini [Anm. 21], 87; 331; 359f.

52 O. Pöggeler, Der Denkweg Martin Heideggers, Pfullingen 1963; vgl. J. A. Barash, Heidegger und Geschichte und Geschichtlichkeit des Sinns. Mit einem Vorwort von P. Ricoeur, Würzburg 1999, 91f.

unausgesprochen und oft auch mehr oder weniger verdeckt gegenwärtig.[53] Es ging Martin Heidegger als Schüler von Edmund Husserl (1859–1938) ähnlich wie Max Scheler (1874–1928), mit dem Guardini ebenfalls in Kontakt war, von Anfang an um eine Kehre von der neukantianischen Subjektivität »zu den Sachen selbst«. Später wurde daraus, der kopernikanischen Wende Guardinis strukturell vergleichbar, Heideggers Kehre, welche das Seiende von der Lichtung des Seins her betrachtet. Das war verbunden mit einer Hinwendung zur Sprache, in der sich nach Heidegger das Sein gleichsam zuspricht. Diese Konzentration und Achtsamkeit auf die Sprache hat Guardini beim späteren Heidegger geschätzt.[54]

Schon in »Unterwegs zur Sprache« (1959) hat Heidegger in einer Rückschau darauf hingewiesen, dass ihm der Titel »Hermeneutik« aus seinem Theologiestudium her geläufig ist. »Damals wurde ich besonders von der Frage des Verhältnisses zwischen dem Wort der Heiligen Schrift und dem theologisch-spekulativen Denken umgetrieben. Es war, wenn Sie so wollen, dasselbe Verhältnis, nämlich zwischen Sprache und Sein, nur verhüllt und mir unzugänglich, so dass ich auf vielen Um- und Abwegen vergeblich nach einem Leitfaden suchte.« »Ohne diese theologische Herkunft aber wäre ich nie auf den Weg des Denkens gelangt. Herkunft ist Zukunft.«[55]

---

53 Ich folge der sich vorsichtig herantastenden Deutung von B. Welte, Die Gottesfrage im Denken Martin Heideggers, in: ders., Auf der Spur des Ewigen [Anm. 2], 262–276; Thomas von Aquin und Heideggers Gedanke von der Seinsgeschichte, in: ders., Zeit und Geheimnis [Anm. 2], 203–221; Gott im Denken Heideggers, in: ebd., 258–280. Die Anklänge an die Lichtmetaphysik des Augustinus bei M. Müller, Phänomenologie, Ontologie und Scholastik, in: O. Pöggeler (Hg.), Heidegger. Perspektiven zur Deutung seines Werkes, Königstein 1984, bes. 92f.
54 H.-B. Gerl, Romano Guardini [Anm. 21], 359f.
55 M. Heidegger, Unterwegs zur Sprache, Pfullingen 1959, 96.

Tübinger Schule

Wenn Heidegger das Problem des Verhältnisses des Wortes Gottes in der Heiligen Schrift zum theologisch-spekulativen Denken anspricht, dann berührt er ein Grundproblem des Modernismus, das noch heute die Theologie umtreibt, wenn sie die Unterschiede feststellt zwischen dem schlichten Zeugnis der Bibel und den vom griechischen philosophischen Denken geprägten theologischen Denken und den Lehrentscheidungen der Kirche. Mit seinen Überlegungen hebt Heidegger diese zumeist rein historisch geführte Diskussion um Hellenisierung oder Enthellenisierung des Christentums auf eine vergleichbare philosophische Ebene, wenn er davon spricht, dass sich nach seiner Hermeneutik das Sein in der Sprache geschichtlich zuspricht, so dass jede neue Epoche diesen Zuspruch in neuer Weise hören, vernehmen und auch sagen muss.

Das bringt er nochmals in »Mein Weg in die Phänomenologie« (1969) zum Ausdruck. Hier kommt Heidegger auf Carl Braig zu sprechen. Schon im letzten Jahr des Gymnasiums, dann während seines Theologiestudiums lernte er auf gemeinsamen Spaziergängen ihn und »die eindringliche Art des Denkens« kennen, die er »in jeder Vorlesungsstunde Gegenwart werden ließ«. Braig machte den jungen Heidegger auf die Bedeutung Schellings und Hegels für die spekulative Theologie im Unterschied zum Lehrsystem der Scholastik aufmerksam. »So trat die Spannung zwischen Ontologie und spekulativer Theologie als das Baugefüge der Metaphysik in den Gesichtskreis meines Suchens.«

Um diese Aussagen zu verstehen, muss man wissen, dass es nach Heideggers Verständnis zum Baugefüge der Metaphysik gehört, Gott als das höchste Seiende zu verstehen. Diese theontologische Identifizierung von Gott und höchstem Seienden wollte er durch die ontologische Differenz »verwinden«. Nach seiner an Hölderlin orientierten Sprache ist das Göttliche oder das Heilige im Sein verborgen; es schickt sich in der Sprache zu und ist im Entzug gegenwärtig. Das sind andeutungshafte, man kann auch sagen vieldeutige Aussagen, in denen Heidegger eine Parallele erkennt zum biblisch-patristischen Verhältnis von Buchstabe und Geist, die er in der Scholastik (zutreffend nur in der Barock- und Neuscholastik) nicht finden konnte, die er jedoch in der vom spekulativen Idealismus Hegels und Schellings beeinflussten Tübinger Schule Theologie in neuer Gestalt wiederfand.

Ausdrücklich wird die Tübinger Schule im Vorwort zur ersten Ausgabe seiner »Frühen Schriften« im Jahr 1972 gewürdigt.[56] »Die entscheidende und darum in Worten nicht fassbare Bestimmung für die spätere eigene akademische Lehrtätigkeit ging von zwei Männern aus ... Der eine war der Professor für systematische Theologie Carl Braig, der letzte aus der Überlieferung der Tübinger spekulativen Schule, die durch die Auseinandersetzung mit Hegel und Schelling der katholischen Theologie Rang und Weite gab.«[57]

Diese Würdigung hat viele Interpreten überrascht; sie fand daher großes Interesse. Otto Pöggeler schreibt in »Der Denkweg Martin Heideggers«: »Zu Hegel kommt der junge Heidegger nicht so sehr vom damals beginnenden Neuhegelianismus ... als vielmehr von der spekulativen Theologie der Tübinger katholischen Schule (Möhler, Kuhn, Staudenmaier) her.«[58] Offensichtlich weckte Braig in dem jungen Heidegger das Interesse für das Verhältnis von Metaphysik und Geschichte, das für Heidegger in »Sein und Zeit« (1927) und nach der »Kehre« in »Zeit und Sein« grundlegend wurde. In der Tat, mit »Zeit und Sein« wurde Zeit zum Horizont des Seins und damit Geschichte als das Grundanliegen der Tübinger Schule und der Theologie überhaupt angesprochen.

---

56 M. Heidegger, Zu Sache des Denkens, Tübingen 1969, 81f.

57 M. Heidegger, Frühe Schriften, Gesamtausgabe Bd. 1, Mainz 1978, 56f.

58 O. Pöggeler, Der Denkweg Martin Heideggers [Anm. 52], 23; vgl. 27–29; 35–45.

Tübinger Schule

So ist es nicht überraschend, dass Heidegger großen Einfluss auf die katholische wie auf die evangelische Theologie des 20. Jahrhunderts hatte, sosehr dieser Einfluss, nachdem sich Heidegger durch antisemitische Äußerungen und Verstrickungen in den Nationalsozialismus diskreditiert hatte, zurückging und oft eher unausgesprochen und unbewusst vorhanden ist. Was die evangelische Theologie betrifft, so müssen vor allem Rudolf Bultmann, Friedrich Gogarten, Gerhard Ebeling, Eberhard Jüngel genannt werden.[59] Aus dem Bereich der katholischen Theologie ist unter anderem die von Erich Przywara als Heidegger-Schule bezeichnete Gruppe Johannes Lotz, Karl Rahner, Gustav Siewerth und Max Müller zu nennen. Ich beschränke mich auf zwei prägende Gestalten der deutschen katholischen Theologie: Karl Rahner und Bernhard Welte.

Der junge Karl Rahner (1904–1984) hörte Vorlesungen bei Heidegger und erhielt von ihm wesentliche Impulse. Das existentialontologische Verständnis von »Sein und Zeit«, das Heidegger später als Missverständnis betrachtete, führte bei Rahner neben der von Joseph Maréchal angeregten transzendental-existentialen Thomas-Auslegung zur anthropologischen Wende seiner Theologie. Sein Schüler und langjähriger Mitarbeiter auf dem Guardini-Lehrstuhl in München war Karl Lehmann (1936–2018), der 1962 an der Päpstlichen Universität Gregoriana in Rom mit einer Arbeit »Vom Ursprung und Sinn der Seinsfrage im Denken Martin Heideggers« promoviert und dabei über Rahner hinaus den Blick auf Heidegger wesentlich erweitert hat. Als Professor für Dogmatik in Freiburg war er entfernter Nachfolger von Carl Braig, dann war er Bischof und Kardinal in Romano Guardinis

---

[59] H. G. Gadamer, Martin Heidegger und die Marburger Theologie, in: E. Dinkler (Hg.), Zeit und Geschichte (FS Bultmann), Tübingen 1964, 479–490.

Heimatdiözese Mainz, zu der Guardini zeitlebens ein eingetrübtes Verhältnis hatte.[60]

Ein noch deutlicherer, den ganzen Denkweg Heideggers umfassender Einfluss zeigt sich bei dem Freiburger Religionsphilosophen und Fundamentaltheologen Bernhard Welte (1906–1983) und seiner Schule, dem Freiburger Dreigestirn: Klaus Hemmerle, Bernhard Casper, Peter Hünermann. Sowohl Welte wie Casper und Hünermann haben sich mit der Tübinger Schule und mit Carl Braig befasst.[61] Sie haben Heideggers Idee der Seins-Geschichte und seine Andeutungen über das Heilige aufgegriffen und das theologisch grundlegende Thema von Sein und Zeit, das Verhältnis von Gottes Sein und Geschichte wie die Bedeutung der Sprache neu bedacht.[62] Das geschah nochmals in der Festschrift, welche die Schüler und Schülerinnen von Peter Hünermann ihm gewidmet haben. Sie trägt den Titel »Zukunft aus der Geschichte Gottes. Theologie im Dienst an einer Kirche für morgen.«[63] Das ist die Frage, der wir uns nun zuwenden müssen.

60 K. Lehmann, Vom Ursprung und Sinn der Seinsfrage im Denken Martin Heideggers (1962), Freiburg i. Br. ²2003; ders., Christliche Geschichtserfahrung und ontologische Frage beim jungen Heidegger, in: O. Pöggeler (Hg.), Heidegger [Anm. 53], 140–168. Als Bischof von Mainz, der Heimatstadt Guardinis, hat er sich bis in die letzte Zeit seines Lebens mit Guardini beschäftigt: K. Lehmann, Guardini und Mainz. Skizze einer schwierigen Geschichte, in: K.-H. Wiesemann/P. Reifenberg (Hg.), »In allem tritt Gott uns entgegen« [Anm. 37], 13–25.
61 B. Welte, Zum Strukturwandel der katholischen Theologie im 19. Jahrhundert [Anm. 10], 380–409; Beobachtungen zum Systemgedanken in der Tübinger katholischen Schule [Anm. 2], 241–257. Veröffentlichungen von Welte zu Braig vgl. D. Esch, Apostolat der Dialektik [Anm. 19], 12 Anm. 17.
62 B. Casper, K. Hemmerle, P. Hünermann, Besinnung auf das Heilige, Freiburg i. Br. 1966.
63 G. Bausenhart, M. Eckholt, L. Hauser (Hg.), Zukunft aus der Geschichte Gottes. Theologie im Dienst an einer Kirche für morgen. Für Peter Hünermann, Freiburg i. Br. 2014.

Tübinger Schule

VI. Tübinger Schule im 21. Jahrhundert?

Die Tübinger Schule hat vor 200 Jahren einen neuen welt- und geschichtsoffenen Zugang zu Christentum und Kirche eröffnet. Sie wollte eine Theologie im offenen Strom der Zeit sein. Im offenen Strom der Zeit Theologie zu treiben bedeutet, dass die Theologie im 21. Jahrhundert die Positionen der frühen Tübinger nicht einfach repristinieren kann; man kann sie jedoch aktualisieren, indem man in ihren Geist eindringt, und aus ihrem Geist im neuen Jahrhundert Theologie treiben.[64]

Heute treiben wir Theologie nicht in der idealistischen Aufbruchsstimmung zu Beginn des 19. Jahrhunderts. Wir leben auch nicht in einer Zeit des Neuerwachens der Kirche in den Seelen wie zu Beginn des 20. Jahrhunderts.[65] In Europa erleben wir eher ein Ersterben der Kirche in vielen Seelen. Wir erleben das Zu-Ende-Gehen der Epoche, die vor 200 Jahren begonnen hat. In der Postmoderne haben wir die nicht hintergehbare Kontingenz des Daseins und der Geschichte wiederentdeckt. Die großen Erzählungen der Mythen, der Religionen und Philosophien, auch der Ideologien sind einem unübersichtlichen Pluralismus gewichen.[66] Die eurozentrische Konzentration von Hegels Geschichtsphilosophie gehört heute der Geschichte an; eine nach einem Prinzip verlaufene Universalgeschichte ist heute angesichts des Pluralis-

---

64 Dazu: W. Kasper, Verständnis der Theologie damals und heute (1967) in: WKGS 6 (2014), 323–350. Ich nehme im Folgenden die vor über 50 Jahren angestellten Überlegungen von neuem Gesichtspunkte her neu auf und führe sie weiter.

65 So R. Guardini, Vom Sinn der Kirche, Mainz 1922.

66 Postmoderne ist ein schillernder Begriff. Wir verstehen darunter die These vom Ende aller Metaerzählungen und einem unaufhebbaren Pluralismus von Perspektiven. Vgl. J.-F. Lyotard, Das postmoderne Wissen, Wien 2012 (frz. *La condition postmoderne*, 1979). Die Frage ist freilich, ob nicht auch dies selbst eine Metaerzählung ist.

mus der Kulturen kaum mehr möglich.[67] Leopold Ranke hat etwas Richtiges gesehen, wenn er schon 1854 sagte: »Jede Epoche ist unmittelbar zu Gott.«

Romano Guardini wie Martin Heidegger waren hellsichtig genug, die Krise der Moderne zu erkennen und eine Kehre des Denkens einzuleiten.[68] Ich selbst habe ausgehend von der Tübinger Schule des 19. Jahrhunderts von der Notwendigkeit einer Kehre der Theologie von der anthropologischen Wende zu einer theologischen Theologie gesprochen, auf deren Grundlage eine ekklesiologische Neubesinnung möglich ist.[69]

1. Theologische Wende

Eine theologische Wende scheint zumindest im Blick auf die westlichen Kulturen auf den ersten Blick eine Missio impossibilis zu sein. Man hat die gegenwärtige Epoche als säkulares Zeitalter bezeichnet.[70] Erstmalig in der Menschheitsgeschichte meinen in der westlichen Welt viele Menschen, gut, ja vielleicht besser ohne Gott und ohne Religion auskommen zu können. Das ist nicht mehr der kämpferische Atheismus vom Ende des 19. Jahrhun-

---

67 Auch das zweibändige Werk von J. Habermas, Auch eine Geschichte der Philosophie (Berlin 2019), muss sich nach der Achsenzeit auf die okzidentale Konstellation beschränken.

68 R. Guardini, Das Ende der Neuzeit. Ein Versuch zur Orientierung, Würzburg 1950; M. Heidegger, Brief »Über Humanismus« (1947), in: ders., Platons Lehre von der Wahrheit, Bern ²1954.

69 Erstmals 1967 in: W. Kasper, Theologie damals und heute (WKGS 6) (2014), 349, dann aufgegriffen in: ders., Der Gott Jesu Christi (1982), WKGS 4 (2004), 479, und schließlich in: ders., Barmherzigkeit, Freiburg i. Br. 2012, 9.

70 C. Taylor, Ein säkulares Zeitalter, Berlin 2012. Vgl. S. Laurs, Gott in säkularer Zeit. Die Sinnfrage als Gottesfrage in Auseinandersetzung mit Charles Taylor und Walter Kasper (ThiD 27), Freiburg i. Br. 2020.

derts, für den die Gottesfrage immerhin noch ein Problem war; es ist eine weitverbreitete Indifferenz, die sich für die Gottesfrage und die großen Fragen abendländischen Denkens schlicht nicht mehr interessiert.

Doch wenn Gott als Grund, Mitte und Ziel fehlt, dann fehlt nicht irgendetwas, dann wankt der Boden, auf dem man bisher sicher zu stehen glaubte, dann verschwimmt der Horizont, in dem man sich orientierte. So ist das Pathos der Befreiung, mit dem Nietzsche den Tod Gottes verkündete,[71] inzwischen diffusen Ängsten gewichen, nicht der Angst vor etwas, vielmehr der Angst als Grundbefindlichkeit, die sich immer wieder auf neue wechselnde wirkliche oder vermeintliche Bedrohungen setzt.[72] Doch der Himmel bleibt nicht leer, man malt ihn sich immer wieder neu aus mit Projektionen eigener Wünsche oder eigener Ängste. Schon Nietzsche hat vorausgesagt, dass es noch viele Götter geben werde.[73]

Unsere Postmoderne ist gar nicht so verschieden von der Spätantike. Auch damals waren die alten Mythen und die ererbten Religionen kraftlos geworden; aus dem Osten strömten eine Vielzahl von neuen Kulten ein; auch damals entstand eine religiös pluralistische Welt. In der neuplatonischen Philosophie rückte Gott immer ferner, er wurde unbegreifbar, unsagbar und als jenseits von allem Seienden verstanden.[74] Das frühe Christentum

---

71 F. Nietzsche, Die fröhliche Wissenschaft (WW ed. Schlechta Bd. 2), 205f.

72 Philosophisch reflektiert bereits bei B. Pascal, beim späten Schelling, Kierkegaard, Heidegger u. a.

73 F. Nietzsche, Aus dem Nachlass (WW ed. Schlechta, Bd. 3), 838; vgl. Bd. 2, 431; 449.

74 Schon Platon sagte, Gott sei jenseits (*epekeina*) der höchsten Idee des Guten. Dieser Gedanke wurde im Neuplatonismus weitergesponnen und entfaltet. Dazu Hinweise in W. Kasper, Das Absolute in der Geschichte. Philosophie und Theologie der Geschichte in der Spätphilosophie Schellings (1965), WKGS 2 (2010), 315 Anm. 305.

hatte den Mut und die Kraft, sich auf diese Situation einzulassen. Das geschah nicht in irgendwelchen Randfragen, sondern in der theologisch zentralen Frage der Christologie. Dort galt es zu zeigen, dass das unsagbare, sich allem denkenden begrifflichen Zugriff entziehende überseiende Göttliche in Jesus Christus als unverfügbare Freiheit einer sich selbst mitteilenden Liebe offenbar geworden ist und dass Gott eben, indem er in der Menschheit Jesu konkret fassbar und sichtbar wurde, »unvermischt und doch ungetrennt« seine göttliche Erhabenheit und seine alles Denken übersteigende Transzendenz geoffenbart hat.[75]

Man mag sagen: Das sind neuplatonischen Spekulationen und Ausdruck eines vorneuzeitlichen vorkritischen Denkens, für das nach Kants Kritik kein Platz mehr ist. Weit gefehlt! Einer der besten Kenner des Neuplatonismus, Werner Beierwaltes, hat gezeigt, dass die gesamte christliche Theologie ohne den Neuplatonismus gar nicht denkbar ist und dass Neuplatonismus und modernes wie postmodernes Denken sich nicht so fremd sind, wie es scheinen mag. Die neuplatonische Philosophie hatte einen tiefreichenden Einfluss auf den deutschen Idealismus, auf Sören Kierkegaard und auf den Weg, den das Denken im 20. Jahrhundert genommen hat.[76] Sich mit ihr auseinanderzusetzen ist darum heute so aktuell, wie es in der Frühzeit des Christentums war.

Die frühen Tübinger Theologen, die sich mit dem »idealistischen Neuplatonismus« bzw. dem neuplatonischen Idealismus

---

75 Dazu ausführlich im vorliegenden Band (S. 59–98): Jesus Christus in der Welt von heute bezeugen. Reflexionen zur Christologie.

76 W. Beierwaltes, Platonismus und Idealismus, Frankfurt a. M. ²2004; Platonismus im Christentum, Frankfurt a. M. ³2014. J. Ratzinger, dessen Herz bei der Theologie der Kirchenväter schlug, hat diesen inneren Zusammenhang zwischen der platonisch bestimmten Vätertheologie und dem modernen neuzeitlichen Denken zu wenig gesehen und hat darum die neuzeitliche Entwicklung einseitig unter ihren Dekadenz-Gesichtspunkten gesehen und damit am Ende den Gesprächsfaden mit der Moderne verloren.

Tübinger Schule

auseinandergesetzt haben, haben in ihrer Weise Ähnliches geleistet wie die Kirchenväter der ersten Jahrhunderte. Es ist geradezu faszinierend zu sehen, wie sie mit dem idealistischen Denken gerungen haben und sich dabei immer mehr von Hegels mit innerer Notwendigkeit voranschreitender geschichtlichen Dialektik »freigeschwommen« haben, um Raum zu schaffen für die Freiheit und Souveränität Gottes, der sich in seiner Selbstoffenbarung konkret geschichtlich gezeigt hat. Sie haben damit in einer geschichtlich gewordenen Welt erneut zum christologischen Thema als Zentrum der Theologie zurückgefunden.[77] Während anfangs für Drey und Hirscher das Reich Gottes das zentrale Thema der Theologie war, rückte bereits beim späten Drey in seiner dreibändigen Apologetik, bei Möhler in der Symbolik und definitiv in der Dogmatik von Kuhn und Staudenmaier die Christologie in den Mittelpunkt.

So wie sich Möhler in einer erbitterte Kontroverse mit dem theologischen Hegelschüler Ferdinand Christian Baur stürzte,[78] so begann Johann Evangelist Kuhn seine Laufbahn mit einer Auseinandersetzung mit David Friedrich Strauß, der im Anschluss an Hegel in seinem Werk »Das Leben Jesu« (1835/36) die biblischen Berichte über das Leben Jesu als geschichtliche Einkleidung allgemeiner Ideen gedeutet und als Sage und Mythos verstanden hat.[79] In Auseinandersetzung mit Hegels Dialektik entwickelte

---

77 B. Welte, Beobachtungen zum Systemgedanken in der Tübinger katholischen Schule, in: ders., Zeit und Geheimnis [Anm. 2], 241–257.

78 J. A. Möhler, Neue Untersuchungen der Lehrgegensätze zwischen Katholiken und Protestanten. Eine Verteidigung meiner Symbolik gegen die Kritik des Herrn Professors Dr. Baur in Tübingen, Mainz 1855.

79 J. E. Kuhn, Das Leben Jesu wissenschaftlich bearbeitet, Mainz 1835. A. Schweitzer, Geschichte der Leben-Jesu-Forschung (1906), Tübingen ^{6}1951, 109 Anm. 2 räumte Kuhn unter den katholischen Kritikern den ersten Platz ein.

Kuhn dann in seiner Dogmatik seine Methode der Determinations-Dialektik.[80]

Kuhn geht vom biblischen Zeugnis aus, das sagt, dass der Mensch nach dem Bild Gottes geschaffen ist (Gen 1,27). Der Mensch kann Gott leugnen, ihn vergessen und sogar vergessen, dass er ihn vergessen hat. Aber er kann die Gottesidee, die ihm als Mensch gleichsam in das Herz und damit in sein Innerstes eingeschrieben ist, nicht auslöschen, so vage, anonym und unbewusst sie ihm auch sein mag.[81]

An dieser unbestimmten und oft nur vagen Gottesidee setzt Kuhn an und führt sie mit seiner Determinationsdialektik weiter. Dabei geht er anders als Hegel nicht den vernunftimmanenten Weg der Negation der Negation, um sich aus der Geschichte heraus zum absoluten Geist aufzuschwingen. Er geht den Weg der Geschichte, bei dem der unbestimmte allgemeinen Begriff des Absoluten, der sich als noch so unklare oder verdunkelte Gottesidee im Herzen findet, durch geschichtliche Induktion und Näherbestimmung in der Religions- und Offenbarungsgeschichte

---

80 Zur Entwicklung der Dialektik Kuhns vgl. J. R. Geiselmann, Die lebendige Überlieferung als Norm des christlichen Glaubens dargestellt im Geist der Traditionslehre Johann Ev. Kuhns, Freiburg i. Br, 1959. Zur aktuellen Problematik von Relevanz und Rezeption G. Werner, »Geschichte ist der Grundcharakter und gleichsam das Urelement des Christentums«, in: C. Danz/G. Essen, Dogmatische Christologie in der Moderne, Regensburg 2019, 49–67, bes. 65–67.

81 J. E. Kuhn, Katholische Dogmatik, Bd. 1/2. Die dogmatische Lehre von der Erkenntnis, den Eigenschaften und der Einheit Gottes, Tübingen ²1862, 541–560. Die Gottesbeweise bewegen sich damit nicht im abstrakten luftleeren Raum, sie decken auf, bringen ans Licht und zur Erfüllung, was in der inneren Dramatik des Menschen angelegt ist und was seine wahre Berufung sein kann. Sie sind kein abstraktes Gedankenspiel, sondern eine existentielle Herausforderung, die als Antwort eine existentielle Entscheidung erfordert.

zur konkreten Idee Gottes führt.[82] Die geschichtlichen Fakten geben sozusagen zu denken. So führt die geschichtliche Dialektik in vielen Schritten von dem unbestimmten allgemeinen Gottesbegriff zum konkreten lebendigen persönlichen Gott, letztlich zu Christus als Summe und Summum der Offenbarung[83] und zum trinitarischen Gottesverständnis als konkretem Monotheismus.[84]

Das klingt reichlich abstrakt und will auch keine pastorale Gebrauchsanweisung sein. Kuhn geht es, vorbereitet durch Drey und ähnlich wie Staudenmaier, darum zu zeigen, dass Glaube und Vernunft ebensowenig wie Vernunft und Geschichte im Gegensatz zueinander stehen. Der geschichtliche Offenbarungsglaube ist vielmehr die kontingente und damit unableitbar geschichtliche konkretisierende Näherbestimmung des allgemeinen und offenen Vernunftbegriffs. Mit dieser induktiv vorgehenden Determinationsdialektik ist die rein immanent vorgehende Vernunftdialektik Hegels aufgebrochen und eine universalgeschichtliche Spekulation, wie wir sie noch beim jüngeren Drey finden, im Prinzip aufgegeben. Die Begegnung mit konkreter kontingenter Geschichte ist jeweils sozusagen ein Angebot, das dunkle Suchen und Fragen im eigenen Herzen zu reinigen und aufzuklären und so sich selbst und die eigene Lebens- und Glaubensgeschichte besser und tiefer zu verstehen.

Im Anschluss an Paulus, von dessen Gedanke der schöpfungsgemäßen Gotteserkenntnis Kuhn ausgeht, können die abstrakten Darlegungen Kuhns konkretisiert, weitergeführt und vertieft werden. Paulus weiß und spricht aus, was heute eine verbreitete Erfahrung ist, dass Menschen die Erkenntnis Gottes niederhalten

---

82 J. E. Kuhn, Einleitung in die katholische Dogmatik, Tübingen ²1859, 17, 193, besonders 240f., 266–268.

83 J. E. Kuhn, Einleitung [Anm. 82], 130; 179. So bereits J. S. Drey, Einleitung in das Studium der Theologie, Tübingen 1819, §§ 29ff.; ähnlich F. A. Staudenmaier, Christliche Dogmatik Bd. 1, Freiburg i. Br. 1844, 11–15.

84 J. E. Kuhn, Dogmatik Bd. 2, Tübingen 1857, 498; F. A. Staudenmaier, Christliche Dogmatik Bd. 2, Freiburg i. Br. 1844, 470–475.

und sich in der Gottesfinsternis einrichten können und dabei immer wieder neue Götzen erfinden und Truglichtern und Blendlaternen nachlaufen (Röm 1,18–32). Nach dieser negativen Bilanz kann Paulus den alten wie den heutigen neuen Heiden auch etwas Positives abgewinnen. Die Heiden wollen sich selbst Gesetz sein, sie wollen autonom sein und selbst bestimmen, was gut und böse ist. Gerade in dieser Autonomie, auf die sie so stolz sind, ist ihnen eine Spur der Gottesabbildlichkeit geblieben. Ihnen ist das Gesetz ins Herz geschrieben, es meldet sich aber in sich widerstreitenden Überlegungen ihres Gewissens. Paulus weiß um diese innere Unruhe, Dramatik und Aporetik des Gewissens. Das Evangelium von Jesus Christus, das er verkündet, deckt die dramatische Situation, die eschatologisch allgemein offenbar werden wird, schon jetzt auf und bringt das im Herzen Verborgene ans Licht (Röm 2,14–16; vgl. 1 Kor 4,5).[85]

Die christliche Aufklärung der Aufklärung nimmt also den Menschen bei seiner eigenen aufgeklärten Autonomie ernst und weiß zugleich um deren Not. Da alle Wirklichkeit in Jesus Christus und auf ihn hin geschaffen ist und alles in ihm Bestand hat (Kol 1,15–17) und das Licht des in Jesus Mensch gewordenen Logos jedem Menschen leuchtet, der in diese Welt kommt (Joh 1,9), fällt von Christus, der Summe und dem Summum aller Offenbarung, her Licht auf das Suchen und Fragen, auf die Problematik und Dramatik unserer menschlichen Geschichte. Im Licht Christi, der *das* Ebenbild Gottes ist, können wir alle Menschen ansprechen, um das Geheimnis des Menschen zu erhellen, und mitwirken, für die dringlichen Fragen der Zeit eine Lösung zu finden (GS 10). In ihm hat Gott dem Menschen den Menschen geoffenbart (GS 22).

Mit seiner Determinationsdialektik hat uns Kuhn eine christologische Grammatik der geschichtlichen Wirklichkeit des Menschen an die Hand gegeben. Aus der Grammatik kann man eine

---

85 E. Käsemann, HNT 8a (1973) 56.63; H. Schlier, HThKNT VI (1977) 78–81; U. Wilckens, EKK VI/1 (1978) 131–142.

Tübinger Schule

Sprache nicht ableiten, aber man kann mit ihrer Hilfe eine Sprache besser verstehen. So kann uns die christologische Grammatik helfen, die in unser Herz eingeschriebene Sprache Gottes und damit die Wirklichkeit des Lebens und der Welt von Jesus Christus her besser und tiefer zu verstehen.[86] Man könnte auch sagen: Christus ist die aller Wirklichkeit verborgen eingeschriebene Hieroglyphe, die es erlaubt, alle Menschen auf das Evangelium Christi anzusprechen.

Genau das ist mit dem Vorschlag der Wende zu einer theologischen Theologie gemeint. Sie schlägt vor, von dem Gott Jesu Christi her zu denken und von ihm her Mensch und Welt zu verstehen. Das kann, da es sich um konkrete kontingente geschichtliche Induktion handelt, nicht mit logisch oder dialektisch zwingenden Argumenten geschehen; das kann und will ein Angebot sein, ein Vorschlag, ein Appell, ja geradezu eine Herausforderung zu einer rational verantworteten Glaubensentscheidung. Damit ist aus dem Geist der Tübinger Schule grundgelegt, was das Zweite Vatikanum als die Aufgabe der Kirche in der Welt von heute bezeichnet hat, nämlich ausgehend von Jesus Christus, dem Schlüssel, Mittelpunkt und Ziel der ganzen Menschheitsgeschichte, zu zeigen, wie Gott in Christus dem Menschen den Menschen offenbar gemacht hat, und von Christus her die »Zeichen der Zeit« zu deuten.[87]

Eine ähnliche Aufgabe hat sich Romano Guardini am Ende seiner Tübinger Zeit mit dem Plan einer christlichen Weltan-

---

86 Hier ergeben sich interessante Parallelen zu der vom späten Schelling inspirierten, von Maurice Blondel in seiner »Action« von 1893 grundlegenden und von Xavier Tilliette und Henri de Lubac entworfenen philosophischen Christologie, auf die ich in diesem Zusammenhang nicht eingehen kann. Ich verdanke diesen Hinweis den Veröffentlichungen von Antonio Russo sowie P. Reifenberg (Hg.), Maurice Blondel, L'Action (1883) – Die Tat. Eine Phänomenologie der Liebe, Würzburg 2020.

87 Pastoralkonstitution *Gaudium et spes* zur Deutung des Menschen 10; 22; zu den Zeichen der Zeit 4; 11.

schauung als Lebensaufgabe gestellt, nämlich konkrete Gestalten menschlicher Geschichte und Kultur im Licht des Christus-Glaubens zu verstehen. In unserer säkular gewordenen postmodernen Situation geistlicher Dürre ist es der wohl einzige Weg, um über Gott zu sprechen, indem man Gott in allen, besonders den kleinen Dingen sucht und findet.[88] Hölderlin hat es im Vorspruch zu seinem »Hyperion« so ausgedrückt: »Nicht eingegrenzt werden vom Größten und dennoch einbeschlossen bleiben im Kleinsten, das ist göttlich.« Das ist der Weg der Kenosis Gottes. Das ist christliche Welt-Spiritualität in der Nachfolge Jesu.

2. Ekklesiologische Neubesinnung

Geht man vom geschichtlichen Charakter der ein für alle Mal ereigneten Offenbarung in Jesus Christus aus, dann stellt sich sofort die weitere Frage, wie kann eine geschichtliche, wenngleich eindrucksvolle geschichtliche Gestalt vor zweitausend Jahren für uns heute etwas bedeuten? Wie kann eine Offenbarung, die sich vor fast zweitausend Jahren ereignet hat, für uns heute gegenwärtig werden? Die berühmte Frage Lessings, wie den garstig breiten Graben überspringen, ist bis heute die Grundfrage der theologischen Hermeneutik.[89]

Mit der neuzeitlichen Aufklärung war das Zeitalter der Kritik angebrochen. Mit der Kritik an den Idolen (Vorurteilen) der Vergangenheit war diese nicht mehr wie bisher eine normative Größe, vielmehr suchte die Gegenwart sich von der Vergangenheit

---

88 Dieses Motiv ist grundgelegt in der mittelalterlichen Mystik und in der spätmittelalterlichen *Devotio moderna* und gilt als grundlegend für die Spiritualität des Ignatius von Loyola.

89 G. E. Lessing, Über den Beweis des Geistes und der Kraft (WW ed. Wölfl, Bd. 3) 311. Kierkegaard hat das Problem in den »Philosophischen Brosamen« aufgegriffen unter dem Stichwort Schüler erster und zweiter Hand (Köln-Olten 1959, 106ff.).

zu emanzipieren. Das führte zu einem sich immer mehr beschleunigenden Modernisierungs- und Innovationsprozess.[90] Man dachte und urteilte nicht mehr ursprungs- und vergangenheits-, sondern zukunfts- und fortschrittsorientiert. Die Kritik ist auch in die Theologie eingezogen und hat die historisch-kritische Theologie hervorgebracht, für welche die Vergangenheit nur durch kritische Rekonstruktion vergegenwärtigt werden konnte.[91]

Mit dieser aus dem Geist der Aufklärung kommenden Position hat sich J. S. Drey bereits in seiner frühen Schrift »Revision des gegenwärtigen Zustands der Theologie« (1812) und in der Programmschrift der Tübinger Schule »Vom Wesen und Geist des Katholizismus« (1819) kritisch auseinandergesetzt.[92] Nach ihm macht eine Rekonstruktion des Ursprungs aus alten Büchern, die in einer abgestorbenen Sprache geschrieben sind, die gesamte Theologie zu einer mit Worten kramenden Grammatik und Philologie und zu einem Hypothesen-Erfinden ohne Ende.[93] Ihm geht es um eine anschauliche, erfahrbare Gegenwart des Ursprungs. So ist es das Grunddogma des Katholizismus, dass das Urchristentum in der Kirche fortdauert und sich fortsetzt. Nur auf diesem festen Boden ist eine philosophische Spekulation wie eine historische Kritik der geschichtlichen Entwicklung möglich.[94]

---

90 R. Koselleck, Die Verzeitlichung der Utopie, Stuttgart 1982.

91 Th. Söding, Wege der Schriftauslegung, Freiburg i. Br. 1998; U. Wilckens, Theologie des Neuen Testaments Bd. 3, Göttingen 2017.

92 Beides in: J. R. Geiselmann (Hg.), Geist des Christentums und des Katholizismus, Mainz 1940, 83–97; 193–234.

93 J. R. Geiselmann (Hg.), Geist des Christentums und des Katholizismus [Anm. 92], 92; 94. Drey nimmt gewissermaßen, wenngleich mit anderen Schlussfolgerungen, die Kritik von A. Schweitzer an der Leben-Jesu-Forschung (1913) (Tübingen ⁶1951) voraus.

94 J. R. Geiselmann (Hg.), Geist des Christentums und des Katholizismus [Anm. 92], 196.

In der »Kurze(n) Einleitung in das Studium der Theologie« fasst Drey diese These zusammen.[95] Das Christentum ist eine historische Religion, deren Summe und Mittelpunkt Christus ist. Nach dem Weggang Christi dauert die konkrete geschichtliche Anschauung dieser Idee in der Kirche fort (§ 50). Darum ist die Kirche die Basis alles theologischen Wissens; erst durch sie erhalten alle Begriffe Realität. Ohne sie löst sich alles »in luftige, haltlose Spekulation« auf (§ 54). Diese These ist Grundsatz katholischer Tübinger Theologie geworden. Lebendiger Glaube aus geheiligter Überlieferung kann als Grundanliegen der Tübinger gelten.[96]

Mit dieser These stand die Tübinger Schule im Bann der Romantik, welche nach der Aufklärung die Verwurzelung des Menschen und seiner Kultur in der Tradition wiederentdeckte.[97] Diese These heute angesichts der Kirchenkrise und der allgemeingesellschaftlichen Autoritätskrise, der Geschichts- und Traditionsvergessenheit erneuern zu wollen, scheint wieder eine Missio impossibilis zu sein. Ganz so impossibile freilich nicht, da man im postkantianischen *linguistic turn*, zu dem auch die Spätphilosophie Heideggers gehört, entdeckt, dass unser Denken sprachlich vermittelt ist, die Sprache sich aber einer jahrhundertealten Tradition verdankt. Wir können die Sprache reinigen und klären, wie es die analytische Sprachphilosophie tut, aber aussteigen aus der Sprache können wir nicht. Geschichts- und Traditionsvergessenheit führt darum zu einer der schlimmsten Krankheiten, zur

---

95 J. S. Drey, Kurze Einleitung in das Studium der Theologie, Tübingen 1819, neu abgedruckt in: M. Kessler/M. Seckler (Hg.), Theologie, Kirche, Katholizismus [Anm. 2] sowie in: Johann Sebastian Drey, Nachgelassene Schriften Bd. 3, Tübingen 2007 [Anm. 8].

96 J. R. Geiselmann, Lebendiger Glaube aus geheiligter Überlieferung. Der Grundgedanke der Theologie Johann Adam Möhlers und der katholischen Tübinger Schule, Mainz 1942. Das Thema Tradition ist auch für mich grundlegend geworden. Vgl. das Vorwort zu WKGS 1 (2011), 13–19.

97 Vgl. dazu WKGS 1 (2011).

Demenz, man könnte, etwas unfein, auch sagen: zur fortschreitenden Verblödung.[98]

Die Tübinger haben sich von der Aufklärung der Aufklärung in der Romantik beeinflussen lassen, waren dann aber als Theologen Manns genug, um sich aus der Romantik freizuschwimmen und in die eigenen theologischen Gewässer vorzudringen. So kommt Drey in seiner »Apologetik« (1844) zu einer Entromantisierung seiner ursprünglichen Idee; er spricht nun nicht mehr von einer Fortsetzung des Urchristentums in der Kirche, sondern von der Selbstüberlieferung und Selbstvergegenwärtigung des erhöhten Christus in der Kirche.[99] Bereits lange zuvor hat Möhler in seinem Frühwerk »Die Einheit in der Kirche« (1825) im Grunde denselben Gedanken pneumatologisch durchgeführt und die Gegenwart Christi in der Kirche im Sinn der Kirchenväter als Gegenwart und Wirksamkeit des Heiligen Geistes in der Kirche verstanden. Damit kam ein biblischer Grundgedanke zum Durchbruch, die Selbstüberlieferung des auferstandenen und erhöhten Christus im Heiligen Geist in der Kirche und durch die Kirche in der Welt. In der Tradition zu stehen heißt darum, geistesgegenwärtig sein und hören, was der Geist den Gemeinden sagt (Offb 2,7.11.17 u. a,).[100]

98 J. B. Metz, Glaube in Geschichte und Gesellschaft (JBMGS 3/1), Freiburg i. Br. 2016, § 3, dazu das Plädoyer für die Kategorie der Erinnerung in § 11.
99 J. S. Drey, Apologetik Bd. 1, Mainz 1844, 356–384.
100 Dieser Gedanke findet sich in dem Bericht der lukanischen Apostelgeschichte von der pfingstlichen Ausgießung des Geistes und der damit anbrechenden Zeit der Kirche und Führung des Heiligen Geistes (Apg 2,1–13) (H. Conzelmann). Derselbe Gedanke findet sich in der Aussage des Paulus: »Der Herr ist der Geist« (2 Kor 3,17), das heißt der erhöhte Herr ist im Geist in der Kirche und durch die Kirche in der Welt wirksam gegenwärtig. Am ausführlichsten sind die johanneischen Abschiedsreden, in denen Jesus seinen Jüngern einen anderen Beistand, den Heiligen Geist, verheißt, der sie an alles erinnert und sie in alle Wahrheit einführt (Joh 14,16.26; 15,26; 16,13). Nicht wir erinnern uns an die Tradition des

In der christozentrisch denkenden Symbolik hat Möhler diesen pneumatologischen Aspekt nicht aufgegeben. In geradezu überschwänglicher Weise beschreibt er die Kirche als vom Geist durchdrungenes einmütiges brüderliches Miteinander, eine harmonisches Ineinander-bewegung zahlloser Geister, welche zerstreut auf dem ganzen Erdboden einen großen Bruderbund bilden.[101] So ist die Kirche »die objektiv gewordene christliche Religion, ihre lebendige Darstellung«.[102] Später in der Auseinandersetzung mit seinem Kollegen F. Chr. Baur merkt Möhler, dass dies missverstanden werden kann,[103] und fügt hinzu, dass die Gegenwart des Wortes Gottes in der Kirche ein Prozess dialektischer Einheit ist von einer immer wieder neuen regressiven Bewegung des Glaubens zum historischen Ursprung und einer progressiven Bewegung, durch die wir die bereits bekannte Lehre

Auftretens Jesu, der Geist erinnert uns an Jesu Wort und Werk, und er führt uns dabei zugleich tiefer in Jesu Wort und Werk ein. Die Selbstüberlieferung und Gegenwart Christi im Heiligen Geist ist keine starre Weitergabe, so wie man eine tote Münze von Hand zu Hand weitergibt, sondern im Geist sich ereignende Überlieferung, nach Möhler eine dialektisch voranschreitende Überlieferung; sie ist nicht nur vergangenheitsorientiert, sondern ebenso gegenwarts- und zukunftsorientiert.

101 J. A. Möhler, Symbolik. Neu herausgegeben von J. R. Geiselmann, Darmstadt 1958, 392f.

102 J. A. Möhler, Symbolik [Anm. 101], 387–389.

103 Das Missverständnis macht sich immer wieder an der Aussage fest, die Kirche sei »der unter Menschen in menschlicher Form fortwährend erscheinende, stets sich erneuernde, ewig sich verjüngende Sohn Gottes, die andauernde Fleisch-werdung desselben« (J. A. Möhler, Symbolik [Anm. 101], S. 389). Damit scheint die Differenz von Christus und Kirche aufgehoben zu sein, die Möhler an anderer Stelle klar herausstellt, indem er sagt, die Kirche sei auf abbildlich-lebendige Weise der durch alle Zeiten erscheinende und wirkende Christus (ebd., 353).

Tübinger Schule

tiefer durchdringen, sie uns allseitiger aneignen und sie deutlicher ins Bewusstsein aufnehmen.[104] In diesem Zusammenhang hat Möhler einen seiner für die weitere Theologie fruchtbarsten Gedanken entwickelt. Er kennt neben der objektiven Tradition die Lehre von der subjektiven Tradition, das heißt die Lehre vom Glaubenssinn der Kirche: der »eigentümliche in der Kirche vorhandene und durch die kirchliche Erziehung sich fortpflanzende christliche Sinn, der jedoch nicht ohne seinen Inhalt zu denken ist, der sich vielmehr durch seinen und an seinem Inhalt gebildet hat, so dass er ein erfüllter Sinn zu nennen ist. Die Tradition ist das fortwährend in den Herzen der Gläubigen lebende Wort.«[105]

An diesem Punkt hat J. E. Kuhn weitergedacht und mit Hilfe der Determinationsdialektik die Theorie von der geschichtlichen Fortentwicklung des Glaubensbewusstseins der Kirche entwickelt. Doch so bestechend Kuhns begriffliche Klarheit ist, es ist dabei auch in der Sache ein wesentliches Element verloren. Ähnlich wie beim späten Drey ist bei ihm vom Glaubenssinn der Gläubigen nicht mehr die Rede. Die aktive Weitergabe des Glaubens beschränkt sich bei Kuhn auf das Lehramt der Kirche.[106] F. A. Staudenmaier dagegen hat die Bewahrung und Entwicklung der Offenbarung im Sinn Möhlers dem Bewusstsein der Kirche als einer großen moralischen Person anvertraut.[107]

Der Grundgedanke der Tübinger des vom Geist geleiteten Glaubenssinns der Kirche ist in der Theologie des 19. und 20. Jahrhunderts auf fruchtbaren Boden gefallen. Entscheidend dafür war, dass die Theologen der Römischen Schule, Perrone, Passa-

---

104 J. A. Möhler, Neue Untersuchungen der Lehrgegensätze zwischen Katholiken und Protestanten, Mainz-Wien 1835, 492.
105 J. A. Möhler, Neue Untersuchungen [Anm. 104], 415.
106 J. E. Kuhn, Einleitung [Anm. 82].
107 F. A. Staudenmaier, Die christliche Dogmatik, Bd. 1, 65.

glia und Franzelin[108], und durch sie vermittelt M. J. Scheeben[109], Möhlers Idee vom Glaubenssinn der Kirche aufgegriffen haben und sie in die Bulle *Ineffabilis Deus* zur Dogmatisierung der Unbefleckten Empfängnis Mariens (1854) eingebracht haben.[110] Auch John Henry Newman hat den Begriff von Möhler übernommen und ihn in seinem berühmten Traktat »Über die Befragung der Gläubigen in Sachen der Glaubenslehre« fruchtbar gemacht. Dort hat er dargestellt, wie im vierten Jahrhundert der Glaube an die wahre Gottheit Jesu Christi vom Zeugnis der Gläubigen besser und treuer bewahrt wurde als von den Bischöfen, die großenteils in die semi-arianische Häresie abgedriftet sind.[111]

Damit war der Weg bereitet, der zum Zweiten Vatikanischen Konzil (1962–1965) geführt hat.[112] In der Kirchenkonstitution *Lumen gentium* hat das Konzil im Rahmen der erneuerten Volk-Gottes- und Communio-Ekklesiologie die Lehre vom gemeinsamen Priestertum aller Getauften wie die Lehre vom Glaubenssinn der Gesamtheit der Gläubigen aufgegriffen (LG 12). In der Offenba-

108 W. Kasper, Die Lehre von der Tradition in der Römischen Schule (1962), WKGS 1 (2011), 175–194; 348; 360–366; 583f. (mit Hinweisen auf ältere Tradition), 596f.

109 M. J. Scheeben, Handbuch der katholischen Dogmatik Bd. 1 (1874) Gesammelte Schriften III, Freiburg 1948, 160f.

110 W. Kasper, Die Lehre von der Tradition [108], 347f., 367–405. Die Bulle Pius' IX. *Ineffabilis Deus* war seinerseits Modell für die Apostolische Konstitution Pius' XII. *Munificentissmus Deus* (1950) zur Definition der Aufnahme Mariens in die himmlische Herrlichkeit.

111 J. H. Newman, On Consulting the Faithful Matter of Doctrine (1859); dt. ders., Ausgewählte Werke Bd. 4, Mainz 1959, 255–292. Zum Verhältnis zwischen Newman und Möhler vgl. W. Kasper, Die Lehre von der Tradition [108], 217–231.

112 Die Internationale Theologenkommission in ihrem Dokument *Sensus fidelium in der Lehre der Kirche* (2014) ist ausführlich auf Möhler und den Einfluss auf J. H. Newman und auf dem Weg über G. Perrone auf *Ineffabilis Deus* (1854) und *Munificentissmus Deus* (1950) eingegangen (Nr. 35–37).

Tübinger Schule

rungskonstitution *Dei Verbum* wird sie in den Gesamtzusammenhang eingeordnet: »So ist Gott, der einst gesprochen hat, ohne Unterlass im Gespräch mit der Braut seines geliebten Sohnes, und der Heilige Geist, durch den die lebendige Stimme des Evangeliums in der Kirche und durch sie in der Welt widerhallt, führt die Gläubigen in alle Wahrheit ein und lässt das Wort Christi in Überfülle unter ihnen wohnen (vgl. Kol 3,16)« (DV 8). Dabei sollen Vorsteher und Gläubige in einzigartigem Einklang (*consensio*) zusammenwirken (DV 10).

Leider ist es dem Zweiten Vatikanischen Konzil nicht gelungen, den Gedanken der einzigartigen *consensio* voll umzusetzen und zu konkretisieren. Es gelang noch nicht, das Kapitel über die hierarchische Verfassung der Kirche voll in das Verständnis der Kirche als Volk Gottes zu integrieren. So wirkt dieses Kapitel wie ein noch nicht ganz verdauter Brocken im Ganzen der Konstitution. Das hat nach dem Konzil zu Diskussionen und Konflikten geführt, deren Lösung der Lehrentwicklung im 21. Jahrhundert aufgegeben ist. Papst Franziskus hat den Ball aufgenommen und in einer historischen Rede beim Festakt zum 50-jährigen Bestehen der Bischofssynode 2015 von der synodalen Struktur auf allen Ebenen der Kirche gesprochen.[113] Er hat Chrysostomus zitiert: »Kirche ist Synode.« Synode bedeutet wörtlich übersetzt »ge-

---

113 AAS 107 (2015) 1139; weitergeführt in der Apostolischen Konstitution *Episcopalis communio* (2018). Was Synode und Synodalität bedeuten, bedarf freilich noch eingehender Reflexion. Vgl. dazu die Internationale Theologenkommission »Die Synodalität im Leben der Kirche« (2018). Sie hat ausdrücklich auf Möhler hingewiesen, der J. H. Newman beeinflusst hat und auf dem Weg über G. Perrone indirekt in die Bullen Pius' IX. *Ineffabilis Deus* (1854) und Pius' XII., *Munificentissimus Deus* (1950) eingegangen ist (Nr. 35–379). Vgl. W. Kasper, Katholische Kirche. Wesen – Wirklichkeit – Sendung, Freiburg i. Br. 2011, 382–387; La Chiesa è sinodo. Riflessioni sulla teologia del sinodo, in: M. Gronchi/P. Sequeri (ed.), Itinere laete servire Domino (Misc. Baldisseri), Milano 2020, 107–224. Dort auch viele andere Beiträge zum Thema Synode und Synodalität.

meinsam auf dem Weg«.[114] So ist die Synode die konkrete Art und Weise, wie die Kirche als Volk Gottes gemeinsam auf dem Weg sein kann.

Die Tübinger haben das Thema der Synoden schon früh und dann nochmals im Zusammenhang der Ereignisse von 1848 in Blick genommen. Hefeles Konziliengeschichte ist gleichsam eine späte reife Frucht dieser Bemühungen.[115] Johann Adam Möhler, der nach eigenem Zeugnis lange mit der Frage des Primats gerungen hat, stellt zwei in dialektischer Spannung zueinander stehende Prinzipien auf, die sich aus dem Wesen des Katholischen ergeben: »Zwei Extreme im kirchlichen Leben sind aber möglich, und beide heißen Egoismus; sie sind: wenn jeder oder wenn einer alles sein will; im letzteren Fall wird das Band der Einheit so eng und die Liebe so warm, dass man sich des Erstickens nicht erwehren kann; im ersteren fällt alles so auseinander, und es wird so kalt, dass man erfriert; der eine Egoismus erzeugt den anderen; es muss aber weder einer noch jeder alles sein wollen; alles kön-

---

114 Chrysostomus, Epist. in Psalm, 149.
115 F. A. Staudenmaier, Geschichte der Bischofswahlen, Tübingen 1830; J. S. Drey, Was ist in unserer Zeit von Synoden zu erwarten? Tübingen 1834. Das Thema wurde vor allem im Zusammenhang von 1848 aktuell: I. H. Wessenberg, Die Diözesan-Synode und die Erfordernisse und Bedingungen einer heilsamen Herstellung derselben, Freiburg 1849; J. B. Hirscher, Die kirchlichen Zustände der Gegenwart, Tübingen 1849; F. A. Staudenmaier, Kirchliche Aufgaben der Gegenwart, in: Zeitschrift für Philosophie und katholische Theologie, Bonn 1849. Wichtig J. Fessler, Über die Provinz-Concilien und Diözesan-Synoden, Innsbruck 1849. Fessler war ausgewiesener Kenner der Kirchenväter und wurde später Sekretär des Ersten Vatikanischen Konzils. Als solcher veröffentlichte er nach dem Konzil die Schrift »Die wahre und die falsche Unfehlbarkeit der Päpste« (Wien 1871), deren moderate Interpretation des Konzils wichtig wurde für Hefeles schweren Herzens gegebene nachträgliche Zustimmung zum Konzil.

nen nur alle sein und die Einheit aller nur ein Ganzes. Das ist die Idee der katholischen Kirche«.[116]

Mit dieser dialektischen Wesensbestimmung schlägt Möhler Pflöcke ein und sagt, dass wir den Weg zwischen den beiden Extremen oder besser durch deren Ausgleich finden müssen. Es kann nicht einer alles sein wollen. Das schließt ein Alleinzuständigkeit beanspruchendes Bischofs- und Papstamt aus, das nur zum Ersticken des Lebens in der Kirche führen könnte. Es können auch nicht alle alles sein wollen. Das schließt ein egalitär verstandenes demokratisches Verständnis aus, bei dem alles auseinanderfallen und es in der Kirche zum Erfrieren kalt würde. So wird es eine Aufgabe der Theologie und der Kanonistik im 21. Jahrhundert sein zu klären, wie in einer synodalen Ordnung das Zusammenspiel bzw. die *consensio* zwischen den beiden Prinzipien institutionalisiert und organisiert werden kann.

Eine nochmalige Fahrt durch die Wüste könnte dabei hilfreich sein. Denn die orientalischen und orthodoxen Kirchen haben die synodale Tradition über die Jahrhunderte hinweg bewahrt. Im Gespräch mit ihnen müsste es gelingen, in Weiterführung unserer bisherigen Dialoge uns gemäß dem antiken und konstanten Glauben der universalen Kirche über eine künftige universalkirchliche synodale Ordnung zu einigen.[117]

Und noch ein Zweites wäre zu lernen: Den orientalischen und orthodoxen Kirchen geht es dabei, so wie auch bei unserem Ge-

---

116 J. A. Möhler, Die Einheit in der Kirche oder das Princip des Katholicismus, dargestellt im Geiste der Kirchenväter der drei ersten Jahrhunderte. Hg. von J. R. Geiselmann, Köln/Olten 1957, 237.

117 Das Erste Vatikanische Konzil gibt uns dafür einen Hinweis mit der Aussage, es wolle diese Lehre *secundum antiquam atque constantem universalis Ecclesiae fidem* vorlegen (DS 3052). Damit ist die altkirchliche Praxis nicht eine überholte Vergangenheit, sondern ein bleibend gültiges hermeneutisches Prinzip der Auslegung des Konzils. Die katholisch-orthodoxen Dokumente von Ravenna (2007) und Chieti-Vasto (2018) haben erste Schritte in dieser Richtung unternommen.

spräch auf der Fahrt durch die Wüste, nicht nur um ein institutionelles und organisatorisch zu lösendes Problem. Wir diskutierten damals ja nicht über Einheit und Vielheit in der Kirche, sondern über das umfassendere grundlegende Thema der Einheit und Dreiheit in der Trinität, nach deren Abbild nach gemeinsamer östlicher und westlicher Tradition Einheit und Vielfalt in der Kirche zu verstehen und zu verwirklichen sind (LG 4). Einzelne Reformen, so nötig und sinnvoll sie sein mögen, sind für sich genommen nur Flicken auf ein altes Kleid. Es geht darum, das neue Kleid, das Christus ist, anzuziehen (Röm 13,14; Gal 3,27; Eph 4,24; Kol 3,10).

Ähnlich wie am Ende des 18. und zu Beginn des 19. Jahrhunderts brauchen wir heute wieder eine tiefergreifende Besinnung auf Geist und Wesen von Christentum und Kirche; nur so werden wir unsere konkreten Probleme sachgemäß angehen und lösen können. Anders ausgedrückt: Im Geist der Tübinger Theologie müssen wir uns neu auf die christologische Grammatik, das Evangelium von Jesus Christus besinnen, um bei unseren konkreten Problemen im Licht des Geheimnisses Gottes in Jesus Christus einer dem Evangelium gemäßen Lösung näherzukommen. Nur im Licht des Geheimnisses Christi können wir im Heiligen Geist die »Zeichen der Zeit« deuten und die Tradition geistesgegenwärtig aktualisieren. Nur im Geist Christi verankert können wir im offenen Strom der Zeit unserer Herkunft treu und zugleich der Zukunft zugewandt Kirche im Heute der Geschichte sein.

Jesus Christus in der Welt von heute bezeugen
Reflexionen zur Christologie[1]

Die Frage »Wer war und wer ist Jesus Christus, und was bedeutet er für mich und für uns heute?« hat mich in meiner persönlichen Lebensgeschichte immer wieder neu begleitet. Als junger Gymnasiast wurde für mich das Buch von Romano Guardini »Der Herr« prägend.[2] Mein eigenes Buch »Jesus der Christus« habe ich in der unmittelbaren Nachkonzilszeit vor fast 50 Jahren geschrieben.[3]

Seit meiner ersten Beschäftigung mit der Christologie ist viel Wasser den Tiber hinabgeflossen. Viele biblisch-exegetische, historische sowie systematische Fragen stellen sich inzwischen neu.[4]

---

1 Der Text ist die überarbeitete und erweiterte, bislang in dieser Form unveröffentlichte Fassung einer Vorlesung zur Eröffnung des akademischen Jahrs 2020/21 am Collegium und Athenäum Anselmianum in Rom am 5. Oktober 2020.

2 R. Guardini, Der Herr. Betrachtungen über die Person und das Leben Jesu Christi (1937), Würzburg ¹⁶1997. Unter Berücksichtigung der neueren Exegese hat J. Ratzinger/Benedikt XVI., Jesus von Nazareth, 3 Bde., Freiburg i. Br. 2007–2012, ein ähnliches *opus magnum* vorgelegt.

3 W. Kasper, Jesus der Christus, Mainz 1974 (seither in vielen Auflagen und Übersetzungen), wichtig das Vorwort zur Neuausgabe in: WKGS 3 (2007), 9–29 sowie die Beiträge in: W. Kasper, Jesus Christus – das Heil der Welt (WKGS 9) (2016).

4 Eine solide Zusammenfassung der neueren Diskussion bei H. Hoping, Jesus aus Galiläa – Messias und Sohn Gottes, Freiburg i. Br. 2019. Außerdem P. Hünermann, Jesus Christus, Münster ²1997; K.-H. Menke, Jesus ist Gott der Sohn, Regensburg 2008; K. Ruhstorfer (Hg.), Christologie, Paderborn 2018. Zu den heutigen Fragen: C. Danz/G. Essen (Hg.), Dogmatische Christologie in der Moderne. Problemkonstellationen gegenwärtiger Forschung, Regenburg 2019.

Jesus Christus heute bezeugen

Doch die Grundfrage ist die gleiche. Jesus hat sie seinen Jüngern bei Caesarea Philippi auf dem Weg nach Jerusalem gestellt. »Für wen halten mich die Leute?« (Mt 16,13–18 par.). Die Antworten gingen damals wie auch heute weit auseinander. Doch Jesus geht es nicht um die Frage: Was hält *man* von mir? Jesus ist nicht an neuesten Umfrage- und Beliebtheitswerten interessiert. Jesus fragt ganz direkt und persönlich: »Ihr aber, für wen haltet ihr mich?« Das und nichts anderes ist die Grundfrage der Christologie. Sie ist keine rein akademische Frage; sie richtet sich an jeden von uns ganz persönlich. Wir heißen Christen, weil wir auf Jesus Christus getauft sind. Das Bekenntnis zu Jesus Christus ist unsere christliche Identität. Mit dem Bekenntnis des Petrus: »Du bist der Messias, der Sohn des lebendigen Gottes« steht und fällt unser Christsein. Die Antwort des *Petrus* ist darum der Grundstein *(petra),* auf den die Kirche wie auf Felsengrund gebaut ist.

Wir beklagen zurzeit den Relevanzverlust der Kirche in der Öffentlichkeit. Doch Relevanz kann nur haben, wer Identität und ein klares Profil hat, wer weiß, wer er ist, und wer sich zu den Grundüberzeugungen, aus denen er lebt, klar bekennt. Darum können wir unseren Relevanzverlust nur dann überwinden, wenn wir die Identitätsdiffusion überwinden, die es in der Kirche und in der Öffentlichkeit gibt und die auch vor dem Christusbekenntnis nicht haltmacht. Relevant kann die Kirche nur sein, wenn sie ihre ureigene Botschaft von Jesus dem Christus relevant macht. Ohne christologische Erneuerung gehen alle anderen noch so wünschenswerten kirchlichen Erneuerungsbemühungen ins Leere.

Es ist die Aufgabe der Theologie, Rechenschaft *(apologia)* zu geben vom Grund unserer Hoffnung (1 Petr 3,15). Jesus der Christus, der erwartete Messias, ist diese unsere Hoffnung, von der wir Rechenschaft geben sollen. Die Theologie als *fides quaerens intellectum,* als Glaube, der nach dem Verstehen fragt (Anselm von Canterbury), muss fragen und darum auch Fragen anderer, Fragen junger wie alter Menschen zulassen, die wissen wollen, was es heißt, Jesus als den Christus in der Welt von heute zu bezeugen.

I. Die Grundfrage der Christologie

Der Ausgangspunkt der Christologie war und ist die Aussage im vierten Evangelium: »Das Wort ist Fleisch geworden« (Joh 1,14).[5] Dieser eine Satz hat es in sich. Er fasst im Rahmen des Prologs des vierten Evangeliums die gesamte dramatisch verlaufene Welt- und Heilsgeschichte zusammen und bezeichnet ihren Höhe- und Wendepunkt. Er sagt, was andere Hymnen des Neuen Testaments ebenso sagen: In Jesus Christus ist das seit ewigen Zeiten unausgesprochene Geheimnis offenbar geworden (Röm 16,25f.; Kol 1,26); in ihm sind alle Schätze der Weisheit und der Erkenntnis verborgen (Kol 2,3); in ihm wohnt Gott leibhaftig in seiner ganzen Fülle (Kol 1,19; 2,9), um alles mit sich zu versöhnen (Kol 1,20); in ihm ist die Fülle der Zeiten heraufgekommen (Eph 1,10). Aus seiner Fülle haben wir alle empfangen (Joh 1,16).

Heute wird diese Aussage »Das Wort ist Fleisch geworden« oft als relativ späte neutestamentliche Christologie »von oben« bezeichnet, die nicht mehr verständlich sei und die wir darum durch eine Christologie »von unten« ersetzen müssen. Wer so urteilt, der übersieht, dass diese angeblich späte Christologie »von oben« ihre Wurzeln bereits in der sehr frühen vorpaulinischen Tradition hat (Röm 1,3). Sie ist sowohl in der paulinischen (Gal 4,4; Röm 8,3; 9,5 u. a.) wie in der johanneischen Tradition (Joh 1,18.49; 20,28; 1 Joh 1,2f.; 4,14f.) bestimmend und findet sich ebenso im Initium des ältesten der vier Evangelien. Das Markusevangelium beginnt mit dem Satz »Evangelium von Jesus Christus, dem Sohn Gottes« (1,1). Markus wiederholt dieses Bekenntnis bei der Taufe Jesu am Jordan (1,9), bei der Verklärung Jesu (9,7),

---

5 R. Schnackenburg, HThKNT IV/1 (1965) 197–207; 241–257; 257–269.

schließlich in der Aussage des römischen Hauptmanns unter dem Kreuz (15,39). Sie prägt das ganze Evangelium. Die Christologie »von oben« ist das übereinstimmende Zeugnis des ganzen Neuen Testaments; sie ist die Summa und das Summum neutestamentlicher Theologie.

Diese Christologie »von oben« entspringt der realistischen Einsicht in die Situation des Menschen und der Welt. Diese ist in der Sicht der Bibel völlig verstrickt und versklavt unter die Macht der Sünde und der Entfremdung von Gott, dass sie sich aus eigener Kraft nicht befreien und erlösen kann. Wir können uns nicht gleichsam an den eigenen Haaren aus dem Sumpf ziehen. Nur Gott konnte einen neuen schöpferischen Anfang machen. Karl Barth sagte einmal: Die Christologie von oben ist wie ein Wasserfall aus 3000 Meter Höhe. Damit kann man etwas machen. Die Christologie von unten ist der hoffnungslose Versuch, das Wasser mit einer Handpumpe auf die gleiche Höhe zu treiben.[6]

Die neuzeitliche Leben-Jesu-Forschung suchte sich von der – wie sie meinte – Fessel der dogmatischen Christologie zu emanzipieren und mithilfe der historischen Forschung den sogenannten historischen Jesus zu rekonstruieren. Sie übersah, dass auch historische Forschung Voraussetzungen macht; sie sucht alles nach Analogie des Allgemeinmenschlichen zu begreifen. Ihre Jesusbilder waren darum jeweils Abbilder von »der Herren eigene[m] Geist«, wie Albert Schweitzer in seiner »Geschichte der Leben-Jesu-Forschung« kritisch feststellte.[7] Als daraufhin Rudolf Bultmann meinte, auf den historischen Jesus verzichten und den Christusglauben allein im nachösterlichen Kerygma begründen

---

[6] K. Barth, Dogmatische Prinzipienlehre bei Wilhelm Herrmann, in: ZZ (1925) 274.

[7] A. Schweitzer, Geschichte der Leben-Jesu-Forschung (1906), Tübingen ⁶1951.

Reflexionen zur Christologie

zu können[8], reagierten in den 1950er-Jahren einige seiner Schüler, besonders Ernst Käsemann, mit der neuen Frage nach dem historischen Jesus. Sie wollten nicht in das Fahrwasser der Leben-Jesu-Forschung zurück und die Christologie »von oben« durch eine Christologie »von unten«, das heißt eine Jesulogie, ersetzen. Sie wussten, dass dieser Versuch von vorneherein zum Scheitern verurteilt ist.[9]

Die *neue* Frage ging von der Überzeugung aus, dass die nachösterliche Christologie ohne den irdischen Jesus sozusagen in der Luft hängt; oder theologisch besser ausgedrückt, sie wird zum Doketismus, das heißt zu einem Scheinglauben. Christologie setzt den irdischen Jesus, besonders seinen Kreuzestod, voraus. Alle Osterzeugnisse wollen sagen, dass der Auferstandene der irdische und gekreuzigte Jesus ist. Deshalb ist es um des Christusglaubens willen notwendig, in den der historischen Forschung gesetzten Grenzen vom nachösterlichen Christusglauben aus nach Leben und Botschaft des irdischen Jesus zu fragen, nicht um den Christus-Glauben historisch zu begründen, wohl aber um ihn nicht als ein Hirngespinst, eine Einbildung, ein ideologisches Konstrukt oder einen Mythos erscheinen zu lassen. So wollte die neue Frage nach dem historischen Jesus zeigen, dass die nachösterliche Christologie »von oben« in der Verkündigung des irdischen Jesus implizit grundgelegt und im Licht von Ostern expliziert worden ist. Sie wollte mit den Mitteln historischer Kritik

---

8 R. Bultmann, Jesus (1925), Tübingen 1958; Theologie des Neuen Testaments (1948–53), Tübingen ⁹1984.

9 E. Käsemann, Das Problem des historischen Jesus (1953), in: Exegetische Versuche und Besinnungen Bd. 1, Göttingen 1960, 187–214. Vgl. J. Gnilka, Jesus von Nazaret. Botschaft und Geschichte (HThKNT Suppl. III) (1990); G. Wenz, The Last Quest. Zum christologischen Problem der Frage nach dem historischen Jesus, in: C. Danz/G. Essen (Hg.), Dogmatische Christologie [Anm. 4], 153–178, W. Kasper, Christologie von unten? in: WKGS 9, 150–180.

Rechenschaft geben vom geschichtlichen Grund des Glaubens.[10] Sie wollte zeigen: Wir glauben nicht an ein Phantom. Das Wort ist wirklich Fleisch geworden und in die Geschichte eingegangen. Auf diese Weise kann man zeigen: Der zentrale Inhalt der Botschaft Jesu war das Nahe-gekommen-Sein des Reiches Gottes (Mk 1,15). Das Reich Gottes ist nicht das Werk des Menschen »von unten«. Als Werk des Menschen von unten könnte es nur ein neuer Turmbau von Babel sein. Dass Reich Gottes ist Gottes Tat und Geschenk; es kommt »von oben«. Jesus selbst sprach mit seinem »Ich aber sage euch« (Mt 5,22.28.32.34.39.44) in einer Vollmacht, welche selbst die des Mose übersteigt; er spricht das endgültige Wort Gottes, welches das der Propheten nicht aufhebt, sondern erfüllt (Mt 5,17). Er handelt in einer Vollmacht, die er von Gott seinem Vater hat. In seinen Wundertaten ist das Reich Gottes schon angebrochen (Lk 11,20). Hätte er mit seiner Botschaft nicht Widerstand gefunden und Anstoß erregt, dann könnte man sich seine Kreuzigung nicht erklären. Dann würde auch die Osterbotschaft keinen Sinn machen.

Die nachösterliche Christologie »von oben« ist im Licht von Ostern die Explikation der impliziten vorösterlichen Christologie des irdischen Jesus. Erst Ostern hat den Jüngern offensichtlich langsam und zögerlich voll die Augen dafür geöffnet, wer Jesus war und wer er ist. Die Christologie »von oben« ist darum nicht ein spätes theoretisches Konstrukt oder gar ein Jesus überge-

---

10 Es ist mir schleierhaft, wie K. H. Menke in »Der Leitgedanke Joseph Ratzingers« (Paderborn 2008, 22) sagen konnte, ich argumentiere als Transzendentalphilosoph und wolle methodisch autonom über die Wahrheit entscheiden. Abgesehen davon, dass mir ein transzendentaltheologischer Ansatz fremd ist, ist der Ausgangspunkt beim historischen Jesus kein Ausdruck für eine Autonomie vom christologischen Bekenntnis; im Gegenteil, es ist der Versuch, Rechenschaft zu geben und zu zeigen, dass der Glaube der Kirche Anhalt hat am Auftreten und an der Botschaft Jesu. Zur Kirchlichkeit der Theologie habe ich mich oft genug geäußert (WKGS 16, 2014), um diesen Verdacht Menkes zu entkräften.

Reflexionen zur Christologie

stülpter Mythos; sie ist in der Geschichte des irdischen Jesus begründet.

Aus dieser hier nur angedeuteten Grundlegung ergibt sich die Grundthese der gesamten Christologie. Sie lautet: Der auferstandene und erhöhte Christus des Glaubens *ist* der Jesus der Geschichte. Oder umgekehrt formuliert: Der irdische Jesus von Nazaret *ist* der Sohn Gottes, den wir im Apostolischen Glaubensbekenntnis mit dem Satz bekennen: »Ich glaube an Jesus Christus, Gottes eingeborenen Sohn, geboren von der Jungfrau Maria.« Die Grundthese führt zugleich zur Grundfrage der Christologie: Was bedeutet die Verbindung »ist« in dem Bekenntnis »Jesus von Nazaret *ist* der Sohn Gottes«? Mit dieser Ist-Aussage macht das christologische Bekenntnis eine ontologische Aussage, das heißt eine Seins-Aussage, die jedes doketische Verständnis des Christusglaubens zurückweist und am inkarnatorischen Charakter des Christusbekenntnisses festhält. Es will sagen: Gottes Sohn ist wahrhaft und wirklich ins Fleisch dieser Welt gekommen. Das christologische Bekenntnis kann darum nicht als Chiffre, als Begriffskonstrukt, als Ideologie oder als ein rein existential zu interpretierendes Wortgeschehen verstanden werden. Es hat ein Fundament in der Geschichte Jesu von Nazaret, seinem Tod und seiner Auferstehung.

Es kann keine Christologie und ganz allgemein keine christliche Theologie geben, die ohne Ist-Aussagen, also ohne ontologische Aussagen auskommt. Doch was meint dieses *ist?* Sicher keine differenzlose Identifikation von Gott und Mensch. Denn das wäre die Mythologie eines auf Erden wandelnden Gottes, für den das menschliche Aussehen nur eine äußere Verkleidung und Vermummung, gleichsam ein Livrée ist, wie Karl Rahner sagte,[11]

---

11 Zu K. Rahners Christologie u. a. Schriften zur Theologie Bd. 1, Einsiedeln ²1956, 169–222; Bd. 4, Einsiedeln 1960, 137–155. Von Karl Rahner und seiner Theologie habe ich und wohl jeder Theologe meiner Generation viel gelernt. Er hat uns Mut gemacht, theologisch zu denken und unse-

oder noch schlimmer, das christliche Bekenntnis wäre eine Idolatrie, die einen Menschen als Gott anbetet, was uns von Juden und Muslimen oft vorgehalten wird.

Was also bedeutet das »ist«? Welche Art von Ontologie liegt ihm zugrunde? Um diese Frage dreht sich die gesamte christologische Lehrentwicklung der Alten Kirche; um diese Frage geht es heute erneut.

II. Logos-Christologie von der Menschwerdung des Sohnes Gottes

Die grundlegende Antwort auf die Frage, was es bedeutet, zu sagen: »Jesus ist der Sohn Gottes«, hat das Christusdogma des Konzils von Chalkedon (451) gegeben mit der Aussage: Jesus Christus ist in einer Person wahrer Gott und wahrer Mensch, unvermischt und ungetrennt (DH 302).[12] Diese Formel bezeichnet Adolf von Harnack, einer der bedeutendsten Vertreter der liberalen Theologie, ebenso wie die Aussage des Konzils von Nikäa (325) von der Gleichwesentlichkeit *(homoousios)* des Sohnes Gottes mit Gott als Hellenisierung der christlichen Botschaft. Für ihn war sie eine bloße Verlegenheitslösung und Kompromissformel, um den Konflikt zwischen den beiden damals rivalisierenden theologischen Schulen von Alexandrien und Antiochien zu befrieden. Seither ist die Lehre von den zwei Naturen, der göttli-

---

ren Weg zu gehen. Ich habe mich dem transzendentalen Ansatz Rahners nicht angeschlossen, sondern in der Tradition der katholischen theologischen Tübinger Schule einen geschichtlichen Ansatz gewählt. Eine angemessene Auseinandersetzung mit Karl Rahners Christologie und Theologie ist in diesem Zusammenhang nicht möglich; sie müsste eigens und ausführlich geschehen. Vgl. WKGS 6, 2014, 401–411.

12 Grundlegend nach wie vor A. Grillmeier (Hg.), Das Konzil von Chalkedon, Bd. 1–3, Würzburg 1959; A. Grillmeier, Jesus der Christus im Glauben der Kirche, Bd. 1–2, Freiburg i. Br. 1979–89.

Reflexionen zur Christologie

chen und der menschlichen Natur, für manche geradezu zu einem Reizwort und zu einem roten Tuch geworden.[13] Die neuere Forschung hat gezeigt, dass diese Kritik am Text des Konzils von Chalkedon vorbeigeht. Dem Konzil geht es nämlich gar nicht um die Frage der Zusammensetzung von zwei Naturen, der göttlichen und der menschlichen Natur. Es geht vielmehr aus von der *einen* Hypostase des Logos, in welche bei der Menschwerdung die menschliche Natur aufgenommen wurde. Entsprechend lautet die zentrale Aussage des Konzils: Jesus Christus ist einer und derselbe *(heis kai autos)* als wahrer Gott und wahrer Mensch, unvermischt und ungetrennt. Das ist alexandrinische Einheitschristologie, in die das Konzil aus dem Brief des Papstes Leo des Großen an den Patriarchen Flavian von Konstantinopel die später wichtig gewordenen Zusätze einfügt hat, dass jede der beiden Naturen in der ihr eigenen Weise wirkt (DH 301f.).[14]

Bevor man von Hellenisierung des christlichen Glaubens spricht, muss man sich von einer allzu simplen Gegenüberstellung von hebräischem und hellenistischen Denken frei machen. Das junge Christentum ist in einem hellenisierten Judentum aufgewachsen.[15] Jerusalem war damals weithin eine hellenistische

---

13 A. Harnack, Lehrbuch der Dogmengeschichte Bd. II, Freiburg-Leipzig ³1894, 48–58. Vgl. auch F. Schleiermacher, Der christliche Glaube Bd. 2 § 96 (ed. Redeker), Berlin 1960, 48–58, dessen Kritik an der Zwei-Naturen-Lehre bei H. Küng, W. Pannenberg u. a. aufgegriffen wird.

14 A. de Halleux, La définition christologique à Chalcédoine, in: RTL 7 (1976) 3–23; 155–170, Ausführlich zu dieser neueren Forschung W. Kasper, »Einer aus der Trinität ...«, WKGS 9, 297–317, bes. 304 Anm. 23.

15 M. Hengel, Judentum und Hellenismus, Tübingen ²1973; W. Beierwaltes, Platonismus im Christentum, Frankfurt a. M. ³2014, bes. 16 Anm. 8.; E. Ivanka, Plato christianus. Die Übernahme und Umgestaltung des Platonismus durch die Väter, Einsiedeln 1964. Zur Hellenisierungs- und Enthellenisierungsdebattte A. Grillmeier, Mit ihm und in ihm, Christologische Forschungen und Perspektiven, Freiburg i. Br. 1975.

Stadt, und das junge Christentum übernahm das Alte Testament in der griechischen Übersetzung der Septuaginta. Das junge Christentum stand also von Anfang an in einer hellenistisch jüdischen Tradition und hat in dieser Tradition später die mittel- und neuplantonische Formel »unvermischt und ungetrennt« aufgegriffen.[16] Sie war kein Formelkompromiss, vielmehr eine hoch reflektierte Formel des Neuplatonikers Proklos (412–485), mit deren Hilfe er das philosophische Grundproblem von Einheit und Vielheit und die Emanation des Vielen aus dem transzendenten Einen zu erklären versuchte.

Was man als Hellenisierung bezeichnet, war in Wirklichkeit eine Hellenisierung im Widerspruch. Denn anders als im Neuplatonismus verdankt sich die menschliche Natur im christlichen Bekenntnis nicht einer notwendigen Emanation aus dem übergöttlichen Einen; sie verdankt sich vielmehr einem freien schöpferischen Akt Gottes. Es galt das Axiom: *Ipsa assumptione creatur.* Die menschliche Natur wird im Akt der Annahme in die Hypostase des Logos geschaffen.[17] Damit war die hellenistische Philosophie zwar aufgegriffen, aber in ihrer inneren Logik aufgehoben. Es war nicht mehr die Logik der Emanation, sondern die Logik der schöpferischen Freiheit Gottes. Die Hellenisierung ist in Wirklichkeit die Krisis und die schöpferische Überwindung der hellenistischen Philosophie.

Aus der kosmischen Spekulation des Neuplatonismus ist im christlichen Credo ein heilsgeschichtliches soteriologisches Bekenntnis geworden: *Qui propter nos homines et propter nostram salutem descendit de caelis.* »Der um uns Menschen und unseres Hei-

---

16 Zu Proklos und seiner Wirkungsgeschichte im Mittelalter bei Pseudo-Dionysius Areopagita, Thomas von Aquin, der Renaissance und Neuzeit bis Hegel und Bloch vgl. W. Beierwaltes, Proklos. Grundzüge seiner Metaphysik, Frankfurt a. M. ²1979; Platonismus und Idealismus, Frankfurt a. M. ²2004.

17 Leo d. Gr., ep. 35 (DS 298); Augustinus, Contra Arianos 6, 8.

Reflexionen zur Christologie

les willen vom Himmel herabgestiegen ist« (DH 123; 150). Während sich im Neuplatonismus das Bild Gottes zum unsagbaren, ja übergöttlichen Einen verflüchtigt hat, ist im christlichen Bekenntnis das unsichtbare Eine durch Gottes freie gnädige Zuwendung zu uns Menschen in Jesus Christus sichtbar geworden; es hat eine menschliche Gestalt und ein menschliches Gesicht angenommen. Jesus konnte sagen: »Wer mich sieht, sieht den Vater« (Joh 14,9). In der Präfation von Weihnachten sagen wir: »In der sichtbaren Gestalt des Erlösers lässt du uns den unsichtbaren Gott erkennen.«

Athanasius argumentierte gegen Arius: Wenn Christus nur Mensch wäre, könnte er uns nur Menschliches geben, Menschliches in all seiner Größe und Schönheit, aber auch Menschliches in seiner Begrenztheit. Vom Tod kann uns nur der erlösen, der Herr über Leben und Tod ist.[18] Chalkedon stellte nun auch die soteriologische Bedeutung der wahren Menschheit heraus. Schon Origenes hatte formuliert: »Der ganze Mensch wäre nicht gerettet worden, wenn Er nicht den ganzen Menschen angenommen hätte.«[19] Dieses Prinzip wurde von vielen Vätern aufgegriffen: *Quod non est assumptum, non est sanatum.* »Was nicht angenommen wurde, ist nicht geheilt, d. h. nicht erlöst.«[20] Nur als wahrer und ganzer Mensch kann Christus den ganzen Menschen erlösen.

So ist die Deszendenzchristologie des Abstiegs Gottes »von oben« eine Erhöhungschristologie des Menschen »nach oben«. In Jesus Christus haben wir Menschen endgültig heimgefunden und einen Platz am Herzen Gottes gefunden. »Mensch, erkenne deine Würde!«, hat Leo der Große in seinen Weihnachtspredigten ausgerufen.[21] Die Weihnachtsliturgie hat dieses Motiv aufge-

---

18 Athanasius, De incarnatione, 54.
19 Origenes, Gespräch mit Heraklides VII,5.
20 Vgl. A. Grillmeier in: LThK² 7 (1962), 954–956.
21 Leo der Große, hom. 21, 3.

nommen: Er hat unsere Menschheit angenommen, damit wir an seiner Gottheit teilhaben.[22]

Augustinus hat diese Konzeption in einen größeren heilsgeschichtlichen Kontext eingeordnet. Gott ist Mensch geworden, »damit der Mensch durch den Gottmenschen zum Gott des Menschen hingelange«. Denn als Gott ist der Gottmensch das Ziel, als Mensch ist er der Weg zum Ziel. Fehlt der Weg, so nützt es auch nichts, das Ziel zu kennen, das Gott ist. So ist er »Gott und Mensch zugleich, als Gott das Ziel, als Mensch der Weg.«[23] Thomas von Aquin geht noch einen Schritt weiter. Er ordnet die gesamte Schöpfungswirklichkeit ein in den Ausgang aller Wirklichkeit von Gott und die Rückkehr zu Gott; Jesus Christus ist der Mittler, der von Gott kommt, und ist auch der Weg, der zu Gott zurückführt.[24] So ist Jesus Christus als wahrer Gott und wahrer Mensch nicht nur das Haupt der Kirche, sondern das Haupt der ganzen Menschheit.[25]

Damit ist die christologische Grundaussage »Das Wort ist Fleisch geworden« in ihren biblischen Grundtext eingeordnet. Alles ist im Logos und damit in Christus und auf ihn hin geschaffen; in ihm hat alles Bestand (Joh 1,3–5; Kol 1,16f.). In ihm ist die Fülle der Zeiten angebrochen (Eph 1,10). Er ist der Schlüssel, der Mittelpunkt und das Ziel der Menschheitsgeschichte (GS 10). Im Geheimnis Christi erschließt sich das Geheimnis des Menschen. Das gilt nicht nur für die an Christus Glaubenden. Das Geheimnis Christi durchzieht die ganze Geschichte (OT 14). So kann die

---

22 Vgl. die dritte Präfation von Weihnachten. Ebenso beim Offertorium: »Wie das Wasser sich mit dem Wein verbindet, so lasse uns dieser Kelch teilhaben an der Gottheit Christi, der unsere Menschennatur angenommen hat.«

23 Augustinus, De civ. XI, 2.

24 Thomas von Aquin vgl. die Prologe zu S. th. II/1 und III. Zur Systematik der Summa theologiae die Debatte zwischen M. D. Chenu, Y. Congar, M. Seckler, E. Schillebeeckx, O. H. Pesch, J.-P. Torrell u. a.

25 Thomas von Aquin, S. th. III q. 8 a. 3.

Reflexionen zur Christologie

Kirche alle Menschen ansprechen, um das Geheimnis des Menschen zu erhellen, und dazu beitragen, für die dringlichsten Fragen der Zeit eine Lösung zu finden (GS 22).

Die Logos-Christologie ist eine grandiose Konzeption aus einem Guss, eine Konzeption, vor der man als heutiger Theologe sehr klein dasteht. Sie verbindet Gott und Mensch, ohne dass das Menschliche im Göttlichen pantheistisch aufgeht und ohne dass Gott zu einer Apotheose des Menschlichen wird. So werden beide Gefahren vermieden, in welche die Neuzeit oft gefallen ist: sowohl die Vergöttlichung des Menschen wie die anthropologische Reduktion Gottes. Das »unvermischt und ungetrennt« von Gottheit und Menschheit in Christus hält grundsätzlich fest, dass zwischen Theonomie und Autonomie des Menschen kein Gegensatz besteht.[26] Die Theonomie hebt die Autonomie nicht auf, sie setzt wahre Autonomie frei und hebt sie auf die höhere Ebene der Gemeinschaft und der Freundschaft mit Gott, die zur Freundschaft mit den Menschen wird. Die Gottesfreundschaft ist darum bei Augustinus und dann besonders bei Thomas von Aquin das Herz der christlichen Spiritualität.[27]

III. Kenosis-Christologie des Abstiegs, der Demut und der Barmherzigkeit Gottes

So großartig und bleibend bedeutsam die Logos-Christologie ist, sie allein kann den ganzen Reichtum der neutestamentlichen Botschaft nicht ausschöpfen. Die biblische Botschaft lautet nicht einfach: Jesus Christus ist wahrer Gott und wahrer Mensch. Sie lautet vielmehr: Der Logos ist Fleisch *(sarx)* geworden, das heißt: Er ist schwacher, leidensfähiger, sterblicher Mensch, ja, er ist nicht

---

26 W. Kasper, Theonomie und Autonomie, WKGS 16, 72–103; J. B. Metz, Mit dem Gesicht zur Welt (JBMGS 1) Freiburg i. Br. 2015, 29–32.
27 W. Kasper, Die Freude des Christen, Ostfildern 2018, 127–154.

nur *ein* Mensch, er ist ein konkreter Mensch, ein Jude geworden.[28] Er ist eingetreten in einen Stammbaum (Mt 1,1–17; Lk 3,23–38), in dem sich Namen finden, die nicht nur auf ehrbare und adelige Abstammung und Verwandtschaft verweisen. Er ist in die konkrete *conditio humana,* in die von Sünde, Leid und Tod geprägte Menschheit eingetreten. Die Deszendenz Gottes ist zugleich *kenosis,* Entäußerung und Herablassung Gottes.

Der Ausgangspunkt dieser Kenosis-Christologie ist das vorpaulinische Christuslied im Brief an die Philipper (Phil 2,6–11).[29] Dort ist von der *kenosis* dessen die Rede, der in der Daseinsweise Gottes war, Sklavendasein annahm, sich erniedrigte und gehorsam war bis zum Tod, ja bis zum Tod am Kreuz. Damit ist die Kenosis-Christologie keine Alternative zur Logos-Christologie; auch sie ist eine Christologie »von oben« und setzt die Präexistenz voraus. Das wird noch deutlicher, wenn der 1. Petrusbrief sagt: Das ermordete Lamm, das uns mit seinem Blut losgekauft hat, war schon vor aller Schöpfung auserwählt (1 Petr 1,19f.24). Die Kenosis bis zum Tod am Kreuz ist gleichsam das Vorzeichen und Heilszeichen, das von allem Anfang an über aller Not und allem Elend der Welt steht.

Die Kenosis beginnt bereits mit der Empfängnis und mit der Geburt Jesu, die sich nach der Darstellung des Lukasevangeliums unter ärmlichen Umständen in einem Stall ereignete unter Hirten, einer damals verachteten Menschengruppe (Lk 2,1–20). Die Kenosis umfasst dann die gesamte irdische Existenz Jesu. Jesus hat keinen Ort, an den er sein Haupt legen kann.; er leidet Hunger und Durst, empfindet Müdigkeit, Zorn, Mitleid, Armut und Schmerz. Jesus erfährt die Todesangst im Garten Getsemani

---

28 Darauf hat H. Hoping mit Recht hingewiesen (Jesus aus Galiläa [Anm. 4], 57–74); W. Kasper, Juden und Christen – das eine Volk Gottes, Freiburg i. Br. 2020, 19–29.

29 J. Gnilka, Der Philipperbrief (HThKNT X,3), Freiburg i. Br. 1968, 111–147.

Reflexionen zur Christologie

(Mk 14,32–42) und taucht am Kreuz ein in die Nacht des Todes. Mit dem Schrei »Mein Gott, warum hast du mich verlassen?« (Mk 15,34) schreit er die ganze Not des einsam verlassenen, leidenden und sterbenden Mensch hinaus. Er ist uns in allem gleich geworden außer der Sünde (Hebr 4,14; vgl. 2,9f.) und ist in das Elend der gesamten Menschheit und in die Gottesnacht der Welt eingetaucht, um sie aus ihrer Agonie zu erlösen. Er ist das Lamm Gottes, das die Schuld und das Schuldverhängnis der Welt hinwegnimmt (Joh 1,36; 1 Petr 1,19; Offb 5,6.9).

Die Kenosis endet nicht mit dem Tod am Kreuz. Der Auferstandene und Verklärte trägt die Wundmale bleibend an seinen Händen und Füßen und an seiner Seite; sie sind für die Jünger nach Ostern geradezu sein Erkennungszeichen und sein Identitätsmerkmal, wie besonders die Begegnung mit dem »ungläubigen Thomas« zeigt (Joh 20,20.25–27; vgl. Lk 24,39). Nach seiner Erhöhung bleibt Christus unser Hohepriester, der mitfühlen kann mit unseren Schwächen. So können wir mit Zuversicht hingehen zum Thron der Gnade und Erbarmen finden (Hebr 4,14–16; vgl. 2,9f.). In der himmlischen Liturgie wird dem geschlachteten und erhöhten Lamm Lobpreis und Anbetung dargebracht (Offb 5,8–14).

Paulus fasst die soteriologische Bedeutung der Kenosis präzis zusammen: Gott »hat den, der keine Sünde kannte, für uns zur Sünde gemacht, damit wir in ihm Gerechtigkeit Gottes würden« (2 Kor 5,21). Ähnlich: »Er hat unsere Sünden mit seinem Leib auf das Holz des Kreuzes getragen, damit auch wir tot seien für die Sünden und für die Gerechtigkeit leben. Durch seine Wunden sind wir geheilt« (1 Petr 2,24).[30] Bei den Kirchenvätern finden wir ein reiches Echo dieser Botschaft in Form einer Paradox-Christologie. Der Zeitlose, Unsichtbare, Ungreifbare ist unseretwegen sichtbar, greifbar, der Unermessliche messbar geworden. »Einer aus Fleisch und zugleich aus dem Geist, gezeugt und ungezeugt,

---

30 H. U. v. Balthasar, MySal III/2, 178–182.

im Fleisch erschienen und doch Gott, im Tod und doch wahrhaftes Leben, aus Maria sowohl wie aus Gott, zuerst leidensfähig, dann leidensunfähig.«[31] Schon bei Paulus wurde aus dieser Paradox-Christologie eine Christologie des Tauschs. »Er, der reich war, wurde euretwegen arm, um euch durch seine Armut reich zu machen« (2 Kor 8,9; vgl. 5,18–21; Röm 5,10). Daraus entstand bereits im zweiten Jahrhundert die Lehre vom *sacrum* oder *admirabile commercium:* »Welch süßer Tausch, [...] dass die Ungerechtigkeit vieler in einem Gerechten verborgen würde und die Gerechtigkeit eines einzigen viele Sünder rechtfertige!«[32] Entfaltet wurde das Motiv vom wunderbaren Tausch bei Irenäus von Lyon und Augustinus.[33] Es ist eingegangen in die Weihnachts- wie in die Osterliturgie, besonders in das österliche *Exsultet:* »O unfassbare Liebe des Vaters: Um den Knecht zu erlösen, gabst du den Sohn dahin!«[34]

Die Christologie vom heiligen Tausch wurde nach Chalkedon in den weitergehenden, nicht ganz so heiligen Streit zwischen den beiden Schulen von Antiochia und Alexandria hineingezogen. Den Antiochenern lag an der Unterscheidung der Naturen, die Alexandriner betonten auf der Linie von Chalkedon die Einheit. Als dann die skythischen Mönche ihren Widerspruch gegen die Antiochener mit der bizarren Formel Ausdruck gaben: »Einer

---

31 Ignatius von Antiochien, Brief ad Eph VII,2; XVIII,2; ad Smyrn I,1; ad Polykarp, II.2; 2 Clem 9,5; Irenäus von Lyon, Adv. haer. IV, 20, 4. Weitere Verweise in: LThK³ 5, 395; RGG IV, 929.

32 Diognetbrief, 9,5. Weitere Zeugnisse bei H. U. v. Balthasar, Theodramatik Bd. 3, Einsiedeln 1980, 226–234.

33 E. Przywara, Commercium, in: Logos, Düsseldorf 1964, 121–165; H. U. v. Balthasar, Theodramatik [Anm. 32], 224–294; R. Schwager, Der wunderbare Tausch. Zur Geschichte und Deutung der Erlösungslehre, München 1986; E. Faber, Commercium, in: LThK³ 2 (1994), 1274f.

34 Vgl. dritte Präfation von Weihnachten, die Antiphon zur Vesper der Weihnachtsoktav und die zweite Präfation zu Ostern.

Reflexionen zur Christologie

aus der Trinität hat gelitten und ist gestorben«, kam es vollends zum Streit. Schon zuvor hatte der für kantige Formulierungen bekannte Tertullian die Frage zugespitzt mit der Formel: »Gottes Sohn wurde gekreuzigt; ich schäme mich dessen nicht.«[35] Das zweite Konzil von Konstantinopel (553) hat die Lehre der drei Schulhäupter von Antiochien (»drei Kapitel«) (Theodor von Mopsuestia, Theodoret von Cyros und Ibas von Edessa) verurteilt und sich die Formel »Einer aus der Trinität hat gelitten und ist gestorben« zu eigen gemacht (DS 432). Damit hat das Konzil die Kenosis-Christologie der skythischen Mönche bestätigt.[36]

Die bizarre Formulierung darf nicht über deren grundsätzliche Bedeutung hinwegtäuschen. Im Hintergrund stand wieder die neuplatonische Vorstellung vom Einen, das so sehr über alles Sein erhaben ist, dass es in unterschiedlicher, ja gegensätzlicher Weise epiphan werden kann und dabei doch transzendent bleibt. Analog wird in der Kenosis-Christologie der göttliche Logos so transzendent gedacht, dass er scheinbar Gegensätzliches in sich einen kann und dieses dabei doch unvermischt in dessen eigenes Wesen freisetzt.[37]

Das bedeutet eine Revolution im Gottesverständnis. Denn die christologische Einheit in beiden Naturen führt unweigerlich zu der Aussage, dass Gott leiden kann und doch Gott bleibt. Das stellt die antike Philosophie, welche die Leidensfähigkeit Gottes stets verneint hat, auf den Kopf. Für sie war Leiden Ausdruck eines Mangels und einer Unvollkommenheit und konnte damit nicht von Gott ausgesagt werden.[38] Doch ein apathischer Gott widerspricht dem biblischen Zeugnis, dass Gott ein Herz für die

---

35 Tertullian, De carne Christi, V.
36 Zu der komplizierten Geschichte F. X. Murphy/P. Sherwood, Konstantinopel II und III (GÖK 3), Mainz 1990.
37 Dazu W. Elert, Der Ausgang der altkirchlichen Christologie, Berlin 1957.
38 W. Maas, Unveränderlichkeit Gottes. Zum Verhältnis von griechisch-philosophischer und christlicher Gotteslehre, München 1974;

Menschen hat; er ist kein apathischer, sondern ein im wörtlichen Sinn sympathischer, das heißt mitleidender Gott. Im Unterschied zu uns Menschen wird Gott nicht passiv und gegen seinen Willen vom Leiden betroffen, er lässt sich vielmehr in Freiheit vom Leiden und vom Schicksal des Menschen betreffen. So konnte Bernhard von Clairvaux sagen: Gott ist *impassibilis* (leidensunfähig), aber er ist nicht *incompassibilis* (mitleidsunfähig).[39]

Das Mitleiden ist bei Gott nicht Ausdruck seiner Unvollkommenheit oder Schwäche; es ist umgekehrt Ausdruck von Gottes Erhabenheit und der Souveränität seiner Liebe. Gott kann sich vom Leiden betreffen lassen, ohne eine Minderung seiner Gottheit zu erleiden, sondern vielmehr gerade so seine Erhabenheit und Herrlichkeit offenbaren. So ist das Kreuz zusammen mit Ostern das *id quo maius cogitari nequit*, das, über das hinaus nichts Größeres gedacht werden kann. »Für uns ist es ein Trost, dass Gott in allem Leiden mitleidend anwesend ist und dass uns in allem Leiden ein Stern der Hoffnung leuchtet.«[40]

Das alles klingt recht spekulativ und hat doch eine tiefe spirituelle Bedeutung. Auf dem Hintergrund der Kenosis-Christologie hat Augustinus eine Demuts-Christologie entfaltet, die zeigt, dass Jesus Christus, der arm, schwach und leidend wird, *magister humilitatis* (Lehrer der Demut) ist.[41] Für Leo den Großen ist die Demut das Kernstück der christlichen Verkündigung und der

---

W. Kasper, Barmherzigkeit. Grundbegriff des Evangeliums – Schlüssel christlichen Lebens, Freiburg i. Br. 2012, 121–125.

39 Bernhard von Clairvaux, Sermones super Cant. cant. 26,5.

40 Benedikt XVI., Enzyklika *Spe salvi* (2007), 39. Auf die Rezeption dieser Gedanken in der Spätphilosophie Schellings kann ich in diesem Zusammenhang nicht eingehen. Vgl. W. Kasper, Krise und Neuanfang der Christologie im Denken Schellings, in: WKGS 9 (2016), 25–50, bes. 45–50.

41 Augustinus, in Joan 25,16.18; 56,7; 58 u. a. Vgl. W. Geerlings, Christus als exemplum. Studien zur Christologie und Christusverkündigung Augustins (TThSt 13), Mainz 1978, 434–438.

Reflexionen zur Christologie

christlichen Erlösungslehre.[42] Die Demut ist nicht Schwäche, sondern Größe des Menschen; sie ist die Wahrheit über den Menschen. Denn der Demütige kann sich kleinmachen und zeigt eben dadurch seine menschliche Größe. Bei Benedikt von Nursia und Bernhard von Clairvaux wurde die Demuts-Christologie grundlegend für die Spiritualität des Mönchtums. Bei Franz von Assisi und Thomas a Kempis in der »Nachfolge Christi« wurde daraus eine ausgesprochene Kreuzesmystik, die weit über den katholischen Raum hinaus grundlegend wurde für die Frömmigkeitsgeschichte.[43]

In der Kreuzestheologie Martin Luthers, vor allem in der Schrift »Von der Freiheit eines Christenmenschen« (1520), wurde das Motiv des Austauschs in einer Art Brautmystik erneut zentral.[44] Diese Mystik hat viele Passions- und Weihnachtslieder geprägt, die wir inzwischen auch in katholischen Gottesdiensten gerne singen. Etwa das von Bach vertonte »O Haupt voll Blut und Wunden, voll Schmerz und voller Hohn« oder »Herzliebster Jesus, was hast du verbrochen, dass man ein solch hart Urteil hat gesprochen«.[45]

Aufgrund der schrecklichen Erfahrungen des vergangenen 20. Jahrhunderts wurde die Kenosis-Christologie bei Papst Johannes Paul II. und bei Papst Franziskus grundlegend für die

---

42 Leo d. Gr., sermo 37 (zu Epiphanie).
43 Vgl. den Überblick in: RAC 3 (1957), 752–778; TRE 8 (1981), 465–473.
44 M. Luther, Von der Freiheit des Christenmenschen, in: WA 7, 25f. Die mystische Tradition Luthers wird neuerdings wiederentdeckt. Vgl. E. Iserloh, Luther und die Mystik, in: Kirche – Ereignis und Geschichte Bd. 2, Münster 1985, 88–106; V. Leppin, Die fremde Reformation. Luthers mystische Wurzeln, München 2016. Auf die Weiterführung von Luthers Lehre von der Idiomenkommunikation, die den Weg bereitete für Hegels und dann auch für Nietzsches Aussage »Gott ist tot«, kann ich in diesem Zusammenhang nicht eingehen.
45 Man denke auch an die Weihnachtslieder »Gelobet seist du, Jesu Christ«; »Lobt Gott, ihr Christen alle gleich«.

Jesus Christus heute bezeugen

Botschaft von der Barmherzigkeit Gottes.[46] Schon das Wort *misericordia* will ja sagen, dass Gott ein Herz (*cor*) hat für die *miseri*, für diejenigen, denen es mies geht, die leiden und sterben. Wir könnten auch sagen: Gott, wie er sich in Jesus Christus geoffenbart hat, ist ein empathischer und ein im ursprünglichen Sinn des Wortes sympathischer, das heißt ein mitleidender Gott. Er hat geradezu eine Schwäche für den Menschen. Er offenbart sich in Jesus Christus als in Freiheit sich wegschenkende und sich entäußernde Liebe.

Das ist keine folgenlose Theorie oder eine rein innerliche Spiritualität. Wenn Gott so barmherzig ist, dann müssen auch wir barmherzig sein (Lk 6,36). Wie Gott in Christus arm und schwach geworden ist, um uns an seinem Reichtum teilhaben zu lassen, so sollen auch wir mit den Armen dieser Welt teilen. So wie die Jünger den auferstandenen Herrn an seinen Wundmalen wiedererkannten (Lk 24,39f.; Joh 20,24–29), so sollen wir in den leiblichen und seelischen Verwundungen der Menschen unserer Zeit, die Wunden am Leib Christi, der die Kirche ist, erkennen. »Was ihr einem meiner geringsten Brüder getan habt, das habt ihr mir getan« (Mt 25). Wie der gute Samariter sollen wir nicht gleichgültig am Leiden anderer vorübergehen, nicht Wunden aufreißen, sondern linderndes und heilendes Öl in die Wunden gießen, Wunden verbinden und, wie das Gleichnis sagt, sogar auch die Kosten für die Therapie übernehmen (Lk 10,25–37).[47]

Charles de Foucauld und die auf ihn zurückgehende Gemeinschaft der Kleinen Brüder und Schwestern Jesu ebenso wie Mutter Teresa von Kalkutta haben die *imitatio Christi* nicht nur als

---

46 Johannes Paul II., *Dives in misericordia* (1980); Papst Franziskus zum Grundthema seines Pontifikats gemacht in *Misericordiae vultus* (2015) und *Misericordia et misera* (2016). Vgl. W. Kasper, Barmherzigkeit [Anm. 38]; J. Werbick, Gottes Schwäche für den Menschen. Wie Papst Franziskus von Gott spricht, Ostfildern 2018.

47 Vgl. dazu das schöne Buch von T. Halik, Berühre die Wunden. Über Leid, Vertrauen und die Kunst der Verwandlung. Freiburg i. Br. ³2015.

Reflexionen zur Christologie

selbstlosen Dienst *für* die Armen verstanden; sie wollten *mit* den Armen leben und das Leben der Ärmsten der Armen teilen. Sie wollten den wunderbaren Tausch, das *admirabile commercium*, leben. Thérèse de Lisieux wollte selbst die Gottesfinsternis der modernen Welt teilen, um dadurch einen Lichtstrahl des Glaubens in das Dunkel zu bringen.[48] Léon Bloy, Charles Péguy haben solche Stellvertretung und solches Mitleiden der heutigen Gottesferne als die Sendung des heutigen Christen und der gegenwärtigen Kirche verstanden.

Bei Dietrich Bonhoeffer findet sich dazu ein schöner Text: »Das Leiden (der Gottesferne) muss getragen werden, damit es vorübergeht. Entweder die Welt muss es tragen und daran zugrunde gehen, oder es fällt auf Christus und wird in ihm überwunden. So leidet Christus stellvertretend für die Welt. Allein sein Leiden ist erlösendes Leiden. Aber auch die Gemeinde weiß nun, dass das Leiden der Welt einen Träger sucht. So fällt in der Nachfolge Christi das Leiden auf sie, und sie trägt es, indem sie selbst von Christus getragen ist. Stellvertretend steht die Gemeinde Jesu Christi für die Welt, indem sie nachfolgt unter dem Kreuz.«[49]

Die Kirchenkonstitution des Zweiten Vatikanum hat das Stellvertretungsmotiv kurz, aber prägnant mit der Aussage aufgegriffen: Die Kirche des um unseretwillen arm gewordenen Jesus erkennt in den Armen und Leidenden das Bild dessen, der sie gegründet hat und selbst ein Armer und Leidender war (LG 8 Abs. 3). Wenige Wochen vor dem Abschluss des Konzils kam eine Gruppe von Bischöfen in der Domitilla-Katakombe zum Katakomben-Pakt »Für eine arme und dienende Kirche« zusammen.[50] Er wurde in der Befreiungstheologie fruchtbar und grundlegend

---

48 Therese vom Kinde Jesu, Selbstbiographische Schriften, Einsiedeln ⁶1958, 219f.
49 D. Bonhoeffer, Nachfolge, München 1971, 68; vgl. DBW 4, ³2002 [in aktuelle Rechtschreibung gesetzt].
50 Y. Congar, Pour une Église servante et pauvre, Paris 1963.

für Papst Franziskus. Man darf diesen Pakt nicht bloß als Solidarisierung mit den Armen und Unterdrückten verstehen. Er ist grundgelegt in der Kenosis-Christologie und geht mit deren Idee vom wunderbaren Tausch weit über Solidarität und Solidarisierung hinaus. Er meint gelebte Teilhabe und realen Austausch der irdischen wie der geistlichen Gaben als Vorzeichen und Sauerteig der erlösten neuen Welt.

IV. Christologie der Freiheit und der Befreiung

Um die Theologie der Freiheit und Befreiung zu würdigen, müssen wir nochmals bis zum Konzil von Chalkedon zurückgehen. Die Formel »unvermischt und ungetrennt« hat immer wieder neu zu Konflikten geführt und immer wieder neu zum Nachdenken angeregt. Sie hat die Kirche auch gespalten und zu dem bis heute fortdauernden Schisma mit den orientalisch-orthodoxen Kirchen (Kopten, Assyrer/Chaldäer, Syrer, Armenier und Teile der Thomaschristen) geführt, alles Kirchen, die gegenwärtig in großer Bedrängnis sind.

Ausgehend von Chalkedon kam es zu der Frage, ob man bei Jesus nicht nur von zwei Naturen sprechen kann, sondern auch von zwei Willen und Wirkkräften. Es waren unruhige Zeiten. Um die Reichseinheit wiederherzustellen und die Monophysiten zu versöhnen, schlug Patriarch Sergius von Konstantinopel den Kompromiss vor, in Jesus Christus von nur einem gottmenschlichen Wirken *(energeia)* und von nur einem Willen *(thelema)* zu sprechen. Kaiser Heraclius machte diesen Monotheletismus in der *Ekthesis* (638) zum Reichsgesetz. Doch als Kaiser Konstantinos IV. von dem vordringenden Islam bedrängt war, suchte er den Frieden mit dem Westen. Das 3. Konzil von Konstantinopel (Trullanum) (680/681) bekräftigte unter Berufung und in Weiterführung von Chalkedon die Lehre von zwei Willen und zwei Wirkkräften in Jesus Christus und fügte hinzu, dass sich der

Reflexionen zur Christologie

menschliche Wille Jesu ganz dem göttlichen Willen unterwarf (DH 556).[51]

Der maßgebliche Widerstand gegen den Monotheletismus ging von Maximos Confessor (560–662) aus. Er war die letzte große Gestalt der antiken östlichen Theologie und zugleich ein Brückenbauer zwischen Ost und West.[52] Auf der Lateransynode (649) unter Papst Martin unterstützte er die Lehre von den zwei Willen und den zwei Wirkkräften in Christus (DH 510f.). Für diese Entscheidung mussten Papst Martin und Maximos in Konstantinopel schwere Folterungen ertragen, an deren Folgen sie in der Verbannung gestorben sind. Maximos Confessor wollte mit seiner Lehre von den zwei Willen dem Drama des Menschseins Jesu gerecht werden, das sich in dem dramatischen Ringen Jesu mit dem Willen des Vaters Jesu im Garten von Getsemani und im Verlassenheitsschrei Jesu am Kreuz zeigt. Er war überzeugt: Jesus konnte unsere Unfreiheit nur durch seinen freien Gehorsam erlösen. »Durch seinen Gehorsam sind wir erlöst« (Röm 5,19).

Die Lehre von den zwei Willen bedeutet nicht, dass Jesus sozusagen zwei Seelen in seiner Brust hatte. Das würde die Einheit in der einen Hypostase zerreißen und Jesus geradezu schizophren erscheinen lassen. Maximos Confessor ging von der Einheit von Freiheit und Liebe aus und sprach von der vollkommenen liebenden Unterordnung des menschlichen Willens unter den göttlichen Willen. Um das zu verstehen, muss man wissen, dass Maximos drei Arten von Freiheit kannte: die sündige, zwischen

---

51 Vgl. F. X. Murphy/P. Sherwood, Konstantinopel II und III [Anm. 35].
52 Einflussreich in der neueren orthodoxen Theologie bei J. Meyendorff, J. Zizioulas u. a. Vgl. H. U. v. Balthasar, Kosmische Liturgie. Das Weltbild Maximus des Bekenners, Einsiedeln ²1961, 204–275; R. Schwager, Das Mysterium der übernatürlichen Naturlehre. Zur Erlösungslehre des Maximus Confessor, in: ZkTh 105/1 (1983) 32–57; G. Bausenhart, In allem uns gleich außer der Sünde. Studien zum Beitrag Maximos' des Bekenners zur altkirchlichen Christologie. Mit einer kommentierten Übersetzung der »disputatio cum Pyrrho« (TSThPh 5), Mainz 1992.

dem Guten und dem Bösen schwankende Freiheit, die menschliche Freiheit Christi, die gerade darin ganz frei ist, dass sie sich ganz von Gott bestimmen lässt, und schließlich die erlöste Freiheit, in welcher unsere sündige Freiheit zur wahren Freiheit erlöst und frei gemacht wird, um im geistlichen Kampf, den das Neue Testament als Soldatendienst beschreibt, die Sündenfolgen (Konkupiszenz) zu überwinden, die auch in uns erlösten Menschen bleiben (Eph 6,12).

Wahre Freiheit ist für Maximos darum nicht die ambivalente Wahlfreiheit zum Guten oder zum Bösen; sie ist Freiheit für das Gute und für das absolut Gute, das Gott ist. Sie ist zugleich Freiheit mit und für die anderen. So werden in der Freiheit des menschgewordenen Logos Himmel und Erde miteinander versöhnt. Durch das Zusammenwirken des menschlichen und des göttlichen Willens in Jesus Christus geschieht die Rückkehr der Kreatur in Gott. Damit hat Maximos Confessor am Ende der Antike nochmals eine grandiose soteriologische und kosmologische Konzeption entworfen und eine Spiritualität grundgelegt, die man als den christlichen Beitrag zur Welterneuerung bezeichnen kann.[53]

Eine solche Christologie im Zeichen der Freiheit musste in der Neuzeit, die im Zeichen der Philosophie der Freiheit steht, erneut aktuell und interessant werden.[54] Thomas Pröpper und seine Schüler haben die Lehre von der hypostatischen Union freiheitsphilosophisch zu rekonstruieren und zu aktualisieren versucht.[55] Pröpper geht davon aus, dass Freiheit nur als Anerken-

---

53 H. U. v. Balthasar, Kosmische Liturgie [Anm. 52], 269–273; 274–281.
54 H. Kessler, Erlösung als Befreiung. Düsseldorf 1972; G. Greshake, Geschenkte Freiheit, Einführung in die Gnadenlehre, Freiburg i. Br. 1977.
55 Th. Pröpper, Erlösungsglaube und Freiheitsgeschichte, München ²1988; Evangelium und freie Vernunft, Konturen einer theologischen Hermeneutik, Freiburg i. Br 2001; Theologische Anthropologie, 2 Bde., Freiburg i. Br. 2011. Dazu M. Böhnke u. a. (Hg.), Freiheit Gottes und der Menschen (FS Thomas Pröpper), Regensburg 2006. Die weitergehende

Reflexionen zur Christologie

nung und Annahme anderer Freiheit denkbar ist. Meine Freiheit ist immer auch die Freiheit der anderen; ich habe meine Freiheit konkret nur, wenn sie mir von allen anderen eingeräumt wird und umgekehrt ich die Freiheit aller anderen anerkenne. In solcher Anerkennung und Annahme teilt sich die Freiheit mit, und schenkt sie sich. Gottes Freiheit in der sich mitteilenden Liebe verleiblicht sich in der Menschwerdung; sie teilt sich mit und eben dadurch setzt sie das andere ihrer selbst in dessen eigene Freiheit frei. So ist sie immanent und transzendent zugleich. Indem Gott sich uns in freier, sich selbstmitteilender Liebe schenkt, vereinnahmt er uns nicht, sondern setzt uns eben dadurch frei.

So lässt sich die Lehre des Konzils von Chalkedon vom »unvermischt und ungetrennt« der beiden Naturen in Christus ausgehend von heutiger Freiheitsphilosophie denkend nachvollziehen und diese Lehre zugleich aktualisieren und fruchtbar machen für das Verständnis der christlichen Freiheit. Denn Christus hat uns zur Freiheit freigemacht, nicht damit wir für uns leben und die Freiheit egoistisch nur für uns in Anspruch nehmen, sondern, dass wir in der Liebe frei sind für die anderen (Gal 5,1.6.13f.). »Einer trage des anderen Last; so werdet ihr das Gesetz Christi erfüllen« (Gal 6,2). Neu durchdachte Christologie und praktische Christusnachfolge in der Liebe gehören unlösbar zusammen.

Die von Lateinamerika ausgehende, inzwischen weltweit präsente Christologie der Befreiung hat das Zusammenwirken von göttlicher und menschlicher Freiheit noch von einer anderen Seite her aufgezeigt. Sie zeigt, dass der Kampf um die wahre Freiheit

Diskussion in: C. Danz/G. Essen (Hg.), Dogmatische Christologie in der Moderne [Anm. 4]. G. Essen, Die Freiheit Jesu. Der neuchalkedonische Enhypostasiebegriff im Horizont neuzeitlicher Subjekt- und Freiheitsphilosophie, Regensburg 2001, geht noch einen Schritt weiter und will die neuchalkedonische Enhypostasie-Lehre im Sinn des neuzeitlichen Person- und Subjektivitätsverständnisses neu denken, was in der Sache letztlich zu einer Umkehrung der hypostatischen Einheit als Einheit in der Hypostase des Logos führt.

nicht nur ein geistlicher Kampf ist gegen die Folgen der Sünde, die auch im Getauften wirksam sind (Konkupiszenz); sie ist ebenso ein Kampf gegen die unfrei machenden Strukturen und Mächte der Sünde in der Welt.[56] Schon bei den alttestamentlichen Propheten war der Kampf für den einen wahren Gott zugleich ein Kampf für Gerechtigkeit, für die Armen, die Witwen und Waisen. Ebenso macht uns die Anerkennung des einen Herrn Jesus Christus frei von unfrei machenden absolutistischen weltlichen Herrschaftsansprüchen und von Unterdrückung gesellschaftlicher, politischer und ökonomischer Art. Sie macht frei für den selbstlosen Einsatz für Gerechtigkeit und Freiheit in der Welt. Solcher Einsatz im Sinn der von der Liebe geleiteten Freiheit schließt die Inanspruchnahme von Gewalt aus; sie schließt eine Spiritualität der Befreiung ein, die gewaltlosen Widerstand bedeuten kann. So kann die recht verstandene Theologie der Befreiung einen neuen Abschnitt in der langen Geschichte der Christologie eröffnen und darin einen Platz beanspruchen.

Nochmals zeigt sich, dass die Christologie keine welt- und wirklichkeitsferne Spekulation ohne lebenspraktische Bedeutung ist. Sie ist eine Revolution im Gottesverständnis, und sie revolutioniert das christliche Selbstverständnis des Menschen; sie zeigt ihm seine Weltverantwortung für die Freiheit und für Gerechtigkeit und Liebe in der Welt. Gott zwingt uns nicht, er zwingt uns nicht einmal zu unserer wahren Freiheit, er gewährt uns Freiheit und befreit uns zur Freiheit und zum Einsatz für die Freiheit. Er tut dies, indem er uns den Geist Christi, den Geist der christlichen Freiheit schenkt. Das führt uns nochmals einen Schritt weiter zu einem weiteren Aspekt der Christologie.

56 G. Gutiérrez, Theologie der Befreiung, Mainz ^{10}1992; L. Boff, Jesus Christus, der Befreier, Freiburg i. Br. 1986; J. Sobrino, Christologie der Befreiung Bd. 1, Mainz 1998; I. Ellacuría, J. Sobrino (Hg.), Mysterium Liberationis. Grundbegriffe der Theologie der Befreiung, 2 Bde., Luzern 1995/1996.

Reflexionen zur Christologie

V. Universale Pneuma-Christologie

Im Glaubensbekenntnis bekennen wir die Menschwerdung des eingeborenen Sohnes Gottes und fügen hinzu: »Fleisch angenommen durch den Heiligen Geist aus der Jungfrau Maria« (DH 150; vgl. 10). Diese Aussage im Glaubensbekenntnis ist ein Echo des Zeugnisses der Heiligen Schrift. Bei der Ankündigung des Kommens des Erlösers stellt Maria die nachdenkliche Frage: »Wie soll das geschehen?« Die Antwort, die sie erhält, lautet: »Der Heilige Geist wird über dich kommen und die Kraft des Allerhöchsten wird dich überschatten.« »Denn für Gott ist nichts unmöglich« (Lk 1,34f.37). Ganz ähnlich lautet die Antwort, welche Josef im Traum erhielt: »Das Kind, das sie erwartet, ist vom heiligen Geist« (Mt 1,20). Damit ist gesagt: Die Menschwerdung Jesu ist ein schöpferischer Akt Gottes, der durch den Geist Gottes geschieht.

Wir können diese Aussage in ihrer ganzen Bedeutung nur verstehen, wenn wir sie in den Gesamtzusammenhang des Zeugnisses der Bibel stellen. Nach biblischer Vorstellung ist der Geist von Anfang an in der gesamten Schöpfung als Lebenskraft wirksam (Gen 1,2), um sie durch alle Wehen und alles Seufzen der Geschichte hindurch aus der Sklaverei und Verlorenheit zur Freiheit und Herrlichkeit der Kinder Gottes und zu ihrer eschatologischen Vollendung zu führen (Röm 8,18–22).[57] Der Geist spricht durch die Propheten, die das Kommen des Messias aus dem Haus und

---

[57] Zur neueren Pneumatologie: H. U. v. Balthasar, Spiritus creator, Einsiedeln 1967; H. Mühlen, Der Heilige Geist als Person in der Trinität, Münster ²1967; Una Mystica Persona. Die Kirche als Mysterium der heilsgeschichtlichen Identität des Heiligen Geistes in Christus und den Christen, Paderborn ³1968; Das Christuszeugnis als Tat des Hl. Geistes, in: MySal III/2, 513–544; Y. Congar. Je crois en l'Esprit saint, vol. 1–3, Paris 1979–80 (dt. gekürzt: Der Heilige Geist, Freiburg i. Br. 1982); W. Kasper, Jesus der Christus [Anm. 2], WKGS 3, 375–386; Der Gott Jesu Christi, WKGS 4, 320–359; W. Kasper/G. Sauter, Kirche – Ort des Geistes, Freiburg i. Br. 1976; W. Kasper (Hg.), Gegenwart des Geistes. Aspekte der Pneumatologie (QD

Geschlecht Davids voraussagen (2 Sam 7,12–16) und die dabei voraussagen, dass der Geist auf den erhofften Heiland und Erlöser nicht gleichsam zuckend und nicht nur fallweise herabkommen wird; der Geist des Herrn wird vielmehr mit allen Gaben des Geistes auf ihm ruhen und Wohnung bei ihm nehmen (Jes 11,2; vgl. 42,1). Der vierte Evangelist hat diese Verheißung des Propheten Jesaja aufgegriffen und gesagt, dass der Geist als schöpferische Kraft nicht nur am Anfang des Lebens Jesu wirksam war, dass der Geist vielmehr auf ihm blieb (Joh 1,33).

Jesus ist Geistgeschöpf und Geistträger und deshalb Sohn Gottes (Lk 1,35). Es wäre freilich voreilig, in diese Aussage den Gedanken der metaphysischen Gottessohnschaft einzutragen oder umgekehrt aus dem Gesagten herauslesen, Jesus sei als Geistträger gleichsam nachträglich von Gott als Sohn adoptiert worden. Das Neue Testament will vielmehr sagen: Mit Jesus kommt der dem Haus Davids als Nachfolger verheißene König-Messias.[58] Das Neue Testament bleibt freilich nicht bei der alttestamentlichen Perspektive stehen; es überschreitet sie und geht über David bis zum Anfang der Menschheitsgeschichte, bis zu Adam zurück. Auch Adam kommt von Gott (Lk 3,38); aber er kam als von der Erde genommenes Lebewesen *(psyché)* von Gott (Gen 2,7), der neue und letzte Adam dagegen kommt von Gott als lebenspendender Geist *(pneuma)* vom Himmel; er ist ein Neuanfang im Heiligen Geist und begründet die neue Nachkommenschaft derer, die nach seinem Bild, dem neuen Adam, gestaltet sind (1 Kor 15,45–49).[59]

---

85), Freiburg i. Br. 1979; B. Stubenrauch, Pneumatologie, in: Neues Lexikon der katholischen Dogmatik (2012), 530–534 (Lit.).

58 H. Schürmann, in: HThKNT III/1, 46–49; F. Bovon, in: EKK III/1, 74–78.

59 Zu dieser Adam-Christus-Typologie vgl. W. Schrage, in: EKK VII/4, 272–278; 302–313.

Reflexionen zur Christologie

Das Zeugnis der Heiligen Schrift wie das Credo der Kirche machen deutlich, dass dem Heiligen Geist bei der Menschwerdung des Logos eine wesentliche Rolle zukommt. Man kann mit Fug und Recht von einer Geist-Christologie sprechen. Sie ist keine Alternative zur Logos-Christologie von der Menschwerdung des ewigen Logos; sie bereichert diese vielmehr und stellt sie in eine universale kosmische und menschheitsgeschichtliche Perspektive. Zugleich macht sie die Christologie dem gläubigen Verstehen zugänglich. Denn »niemand kann sagen: Jesus ist der Herr, wenn er nicht aus dem Heiligen Geist redet« (1 Kor 12,3; vgl. 2,14; 1 Joh 2,20).[60] So ist auch das volle Verständnis der Christologie in ihrer ganzen Tiefe und in ihrer universalen Weite nur im Heiligen Geist und dem geistlichen Menschen möglich.

Wie der Anfang so steht nach dem Zeugnis der Schrift das ganze Leben und Wirken Jesu im Zeichen des Geistes. Das öffentliche messianische Auftreten Jesu wird mit der Taufe am Jordan eröffnet. Dabei sieht Jesus den Geist auf sich herabkommen, und eine Stimme vom Himmel ertönt: »Das ist mein geliebter Sohn.« Die Herabkunft des Geistes wie die Stimme vom Himmel sind kein äußeres Spektakel, sondern werden als Vision und Audition Jesu (Mk 1,10; Mt 3,16), bei Lukas als Gebetserfahrung Jesu (3,21f.) bezeichnet und bei Johannes als Offenbarungszeugnis des Täufers berichtet (Joh 1,32–34). Dabei wird mit keinem Wort gesagt, die Proklamation »Das ist mein geliebter Sohn« (Mt 3,17)

---

60 Bei der Pneuma-Christologie gilt es zu unterscheiden zwischen einer adoptianischen oder auch liberalen Christologie der Geist-Inspiration Jesu und einer vom Geist gewirkten Inkarnations-Christologie des Logos bei H. U. v. Balthasar, J. Moltmann, H. Mühlen, W. Kasper und orthodoxen Theologen wie P. Evdokimov, N. Nissiotis, B. Brobinskoy, D. Staniloe u. a.) Vgl. M. Doss, Geist-Christologie, in: LThK³ 11 (2001), 87f.; B. Stubenrauch, Geist-Christologie, in: Neues Lexikon der katholischen Dogmatik (2012), 236–238 (Lit.). Das Grundanliegen der Pneuma-Christologie wird bereits bei Johannes Paul II. in der Enzyklika *Dominum et vivificantem* (1986) bes. 3–26 aufgegriffen.

Jesus Christus heute bezeugen

bedeute, Jesus sei bei der Taufe seiner Gottessohnschaft bewusst geworden, oder er sei bei der Taufe als Sohn Gottes adoptiert worden. Die Stimme vom Himmel wird berichtet als Proklamation des Antritts seiner öffentlichen Wirksamkeit als der vom Geist Gesalbte, das heißt als der Messias, der Christus.[61]
So steht die ganze öffentliche Wirksamkeit Jesu unter der Leitung des Heiligen Geistes. Der Geist begleitet, lenkt und führt Jesus ihn; er treibt ihn in seinem öffentlichen Wirken geradezu an. Vom Geist wird er in die Wüste hinausgetrieben, um versucht zu werden (Mk 1,10), in der Kraft des Geistes treibt er Dämonen aus (Mk 3,22–30; Mt 12,28), vom Geist erfüllt jubelt er (Lk 10,21), im Geist opfert sich Jesus in der Passion dem Vater auf (Hebr 9,14).
Die größte Machttat Gottes ist die Auferweckung Jesu. Sie geschieht durch den Geist Gottes (Röm 8,11; 1 Petr 3,18). Paulus zitiert ein älteres zweistufiges Christusbekenntnis: Jesus dem Fleische nach ein Nachkomme Davids, »dem Geist der Heiligkeit nach eingesetzt als Sohn Gottes in Macht seit der Auferstehung von den Toten« (Röm 1,3f.). Auch hier geht es nicht um die Einsetzung Jesu zum Sohn Gottes, sondern um seine Einsetzung zum »Sohn Gottes in Macht«, um die Einsetzung in die Machtstellung des erhöhten Kyrios.[62] Vom erhöhten Kyrios gilt »Der Herr ist der Geist« (2 Kor 3,17). Im Heiligen Geist ist Jesus Christus als der Kyrios, das heißt als der Herr in der Kirche und in der Welt gegenwärtig. Von dieser Herrschaft sagt Paulus: »Wo aber der Geist ist, da ist Freiheit« (2 Kor 3,17). Die Herrschaft Jesu Christi zwingt und vergewaltigt niemand, im Gegenteil, sie schenkt Freiheit. Jesus Christus herrscht als Kyrios nicht mit äußerer Gewalt; er erfüllt die prophetische Verheißung und schenkt durch den

---

61 U. Lutz, in: EKK⁵ I/1, 216–228; J. Gnilka, in: EKK II/1, 54f. Zu den patristischen Zeugnissen: L. F. Ladaria, La trinità. Mistero di comunione, Milano 2004, 233–248.

62 E. Käsemann in: HNT 8a (1973) 5–7; H. Schlier in: HThKNT VI (1977) 23–27; U. Wilckens in: EKK VI/1 (1978) 64.

Reflexionen zur Christologie

Geist ein neues Herz und einen neuen Geist (Ez 11,19; 18,31; 36,27). Er bewirkt eine gewaltlose innere Transformation und Transfiguration der Welt.

Was wir meist etwas blass und abstrakt als Gnade Gottes bezeichnen, ist im Grunde Gottes Selbstmitteilung und Einwohnung in uns als Tempel des Heiligen Geistes (Röm 8,9.11; 1 Kor 3,16; 6,19).[63] Durch den Geist werden wir Christus, dem Sohn, gleichgestaltet und Adoptiv-Söhne und Adoptiv-Töchter Gottes. Darum heißt Christsein nach dem Geist leben und sich vom Geist leiten lassen; nur wer sich vom Geist leiten, ja geradezu treiben lässt, verdient es, Christ genannt zu werden (Röm 8,4.9.14). Paulus denkt offenbar nicht an schlafmützige, behagliche Christen, sondern an Christen, die vom Geist Gottes buchstäblich umgetrieben werden.

Nach dem vierten Evangelium hat der von den Toten auferstandene Jesus den Jüngern am Osterabend den Geist mitgeteilt, damit sie im Heiligen Geist sein Werk, das er ein für alle Mal vollbracht hat, fortführen (Joh 20,22f.). Nach dem vierten Evangelium ist der Geist der andere Paraklet, das heißt der andere Fürsprecher, Advokat und Tröster, der nach dem Weggang Jesu zum Vater an Jesu Wort und Werk erinnert und in deren inneren Reichtum tiefer einführt (Joh 14,26; 15,26; 16,13). Lukas verlegt die Ausgießung des Heiligen Geistes auf 50 Tage *(Pentekoste)* nach Ostern (Apg 2,1–13). Damit will er sagen, dass die Verheißung des Propheten Joël in Erfüllung gegangen ist: Gott wird am Ende der Zeit seinen Geist über alles Fleisch, über Söhne und

---

63 K. Lehmann, Heiliger Geist, Befreiung zum Menschsein – Teilhabe am göttlichen Leben. Tendenzen gegenwärtiger Gnadenlehre, in: W. Kasper (Hg.), Gegenwart des Geistes [Anm. 57], 181–204. Wichtig nach wie vor: H. Schauf, Die Einwohnung des Heiligen Geistes. Die Lehre von der nichtappropriierten Einwohnung des Heiligen Geistes als Beitrag zur Theologiegeschichte des 19. Jahrhunderts unter besonderer Berücksichtigung der beiden Theologen Carl Passaglia und Clemens Schrader (FThS 59), Freiburg i. Br. 1941.

Töchter, Alte und Junge, Knechte und Mägde ausgießen (Joël 3,1–3; Apg 2,16f.). Mit dieser Ausgießung beginnt nach der lukanischen Apostelgeschichte die Zeit der Kirche und ihrer universalen Sendung in alle Welt. Der Hauptakteur dieser Mission, ihre Seele und ihre treibende Kraft ist der Heilige Geist. Die Kirche soll diese Mission darum auch geistlich und nicht mit Mitteln weltlicher Gewalt ausüben.

Wir können zusammenfassen und sagen: Das Werk des Heiligen Geistes ist die erinnernde Vergegenwärtigung von Person, Botschaft und Werk Jesu und zugleich die Universalisierung seiner Botschaft und seines Werkes bis an die Grenzen der Welt und bis zum Ende der Zeit. So ist der Geist gleichsam die Seele der Kirche und die Quelle ihrer immer wieder neu notwendigen Erneuerung (LG 4; 7). Der Geist führt uns zugleich tiefer in die Wahrheit Jesu Christi ein und eröffnet uns immer wieder neu Zukunft, indem er uns an den Ursprung in Jesus Christus und an unsere Ursprünge erinnert.

Der Weg zurück zum Ursprung und der Weg nach vorne in die Zukunft gehören zusammen. Die Erinnerung des Geistes an Christus ist die Kraft und der Schwung in die Zukunft. Wir sollen darum immer wieder neu hören, was der Geist uns sagt (Offb 2,7.11.17 u. a.), und uns bewusst sein, dass eine erneuerte Kirche keine neue und keine andere Kirche, vielmehr nur eine aus dem Geist Christi (Röm 8,9; Phil 1,19) erneuerte Kirche sein kann. Nicht ein aufgeregter Aktionismus, die geistliche Erneuerung ist Quelle und Mutter aller kirchlichen Erneuerung.

Wenn wir uns der Geschichte der Geist-Christologie zuwenden, so finden wir, dass sie äußerst komplex ist. Sie hat ihre Höhen und ihre Tiefen. In der Frühzeit der Kirche gab es ein Nebeneinander von Logos- und Geist-Christologie. Doch als die Geist-Christologie von den judenchristlichen Ebioniten im Sinn des Adoptianismus missverstanden wurde, setzte sich in der Kirche immer mehr die Logos-Christologie durch, während die Geist-Christologie in den Hintergrund gedrängt wurde. Dazu

Reflexionen zur Christologie

trugen die Auseinandersetzung mit schwärmerischen Bewegungen bei, die sich in enthusiastischer Weise auf den Heiligen Geist beriefen. Das wiederum führte zu einer Zurückdrängung des charismatischen Elements in der Kirche. Erstorben ist es freilich nicht. Es lebte im Mönchtum, in den Märtyrern und in den Heiligengestalten der Kirche weiter, vor allem in der Mystik wie der Heilig-Geist-Frömmigkeit. Man denke nur an die Heilig-Geist-Hymnen *Veni sancte Spirtus, Veni creator Spiritus*. Der Mystik ging es um die Gottesgeburt im Herzen. Bekannt ist das Wort des Angelus Silesius (Johannes Scheffler): »*Und wäre Christus tausendmal in Bethlehem geboren und nicht einmal in dir, so wäre es dir nichts nütze.*«

Immer wieder kam es zu Spannungen zwischen Institution und Charisma in der Kirche, oft fruchtbaren, manchmal auch gefährlichen und zu Spaltung führenden Spannungen. Sie wurden im 12. Jahrhundert neu angefacht durch den kalabrischen Abt Joachim von Fiore. Joachim hat ein neues Zeitalter des Heiligen Geistes angekündigt, welches das Zeitalter des Vaters (Altes Testament) und des Sohnes (Neues Testament) durch ein Zeitalter des Heiligen Geistes und der Mönche ablösen werde. Joachim hatte keine antihierarchischen Intentionen; ihm ging es um eine geistlich erneuerte Kirche nach dem Modell des Franz von Assisi. Doch in säkularisierter Form führte seine Vorhersage einer Kirche des Geistes zum neuzeitlichen Fortschrittsglauben,[64] zu einer von der institutionellen Kirche losgelösten Geistkirche, zu einem von der Kirche emanzipierten Humanismus und zu einer säkularisierten Form von Christologie und Pneumatologie (Hegel, Schelling, David Friedrich Strauß, Ludwig Feuerbach, Karl Marx

---

64 K. Löwith, Weltgeschichte und Heilsgeschichte, Stuttgart 1953, 136–147; H. de Lubac, La postérité spirituelle de Joachim de Fiore, Paris 1979; J. Ratzinger, Offenbarungsverständnis und Geschichtstheologie Bonaventuras (JRGS 2), Freiburg i. Br. 2009.

bis zu Ernst Bloch).⁶⁵ So haben viele Ideen und Errungenschaften der Neuzeit anonyme christliche Wurzeln, durch die der Kirche geistliche Ausstrahlung und Kraft verlorenging, die umgekehrt, abgelöst vom Stamm, ihre christliche Seele verloren haben und deren christlicher Geist sich oft verflüchtigt hat.

In anderer Weise erleben wir gegenwärtig in vielfältigen neueren charismatischen und pentekostalen Bewegungen ein Revival der Pneumatologie.⁶⁶ Da sind Nüchternheit und Unterscheidung der Geister notwendig (1 Kor 12,10; 1 Joh 4,1–6). Dennoch müssen wir uns von diesen Bewegungen herausfordern lassen. Wir dürfen uns nicht in den elfenbeinernen Turm unserer rechtgläubigen, manchmal auch etwas verstaubten Christologie einschließen. Es gilt die Mahnung des Apostels »Löscht den Geist nicht aus!« (1 Thess 5,19). Das Zweite Vatikanische Konzil hat den dynamischen vorwärtsdrängenden Charakter des Christusglaubens verstanden und uns ins Stammbuch geschrieben: »So ist Gott, der einst gesprochen hat, ohne Unterlass im Gespräch mit der Braut seines geliebten Sohnes, und der Heilige Geist, durch den die lebendige Stimme des Evangeliums in der Kirche und durch sie in der Welt widerhallt, führt die Gläubigen in alle Wahrheit ein und lässt das Wort Christi in Überfülle unter ihnen wohnen (vgl. Kol 3,16)« (DV 8). So haben wir zu hören, was der Geist uns heute sagt. Nichts anderes, aber manches anders!

Der Geist weht nicht nur in der Kirche; er ist bereits bei der Schöpfung am Werk, um aus dem Chaos einen Kosmos zu machen (Gen 1,2). Nach Paulus ist der Geist unter Wehen und Seuf-

---

65 K. H. Ruhstorfer (Hg.), Christologie, Paderborn 2018, will die moderne und postmoderne Entwicklung als Weiterführung der Christologie verstehen, was, wenn man das christologische *ist* des einmaligen geschichtlichen Jesus von Nazaret ernst nimmt, nur bedingt möglich ist.

66 Dazu W. J. Hollenweger, Charismatisch-pfingstliches Christentum. Herkunft, Situation, Ökumenische Chancen, Göttingen 1997; K. Krämer/K. Vellguth, Pentekostalismus. Pfingstkirchen als Herausforderung in der Ökumene (ThEW 15), Freiburg i. Br. 2019.

zen in der ganzen Schöpfung, die ihrem eschatologischen Ziel entgegenharrt (Röm 8,22; vgl. Eph 1,3–14). Die Kirche ist seit dem gerechten Abel in der gesamten Weltgeschichte verborgen anwesend (LG 2). So finden wir Spuren der Christuswirklichkeit auch außerhalb der Kirche. Wir dürfen überzeugt sein, »dass der Heilige Geist allen die Möglichkeit anbietet, dem österlichen Geheimnis in einer Gott bekannten Weise verbunden zu sein« (GS 22; vgl. LG 16; AG 3; 7).[67]

Das ist der Grund, weshalb die Pneuma-Christologie besonders in der Religions-Theologie, der Missionstheologie und im interreligiösen Dialog wichtig geworden ist.[68] Die Kirche ist in der Mission in die Welt hinaus gesandt, um Jesus Christus zu verkünden; dabei macht sie oft die Erfahrung, dass der heilige Geist Christi ihr zuvorgekommen ist und verborgen unter den Völkern anwesend und wirksam war. So geht die Kirche in der Mission selbst auf eine Entdeckungsreise. Sie kann den Völkern helfen, die Spuren des verborgenen Christus zu entdecken (AG 4). Doch nicht nur die anderen lernen von ihr; sie selbst ist eine lernende Kirche und macht immer wieder neue Überraschungen. Sie selbst ist stets unterwegs und nie am Ende. Sie leugnet nichts, was in den anderen Religionen und in den Kulturen der Menschheit wahr ist (NA 2). Sie übersieht auch nicht, wo die Wahrheit verunstaltet wird und was zu reinigen ist, um zum vollen Verständnis der Wahrheit, die Jesus Christus ist, zu kommen. Er ist der Schlüssel, der Mittelpunkt und das Ziel der ganzen Menschheitsgeschichte (GS 10; vgl. 23; 45).

---

67 Johannes Paul II., Enzyklika *Dominium et vivificantem* (1986) 53f.; Enzyklika *Redemptoris missio* (1990) 28f. (vgl. 55–57) (mit zahlreichen Verweisen auf das Zweite Vatikanische Konzil).

68 K. H. Menke, Inspiration statt Inkarnation, Die Christologie der pluralistischen Religionstheologie, in: IkZ Communio 36 (2007) 114–137; K. von Stosch, Christologie im Kontext der Religionstheologie, in: MThZ 60 (2009) 42–50.

VI. Christologische Ontologie der Liebe

Wir haben vier Aspekte gegenwärtiger Christologie entfaltet. Gott hat sich in Jesus Christus in einmaliger, endgültiger und nicht überbietbarer Weise selbst mitgeteilt und gezeigt, wer er ist. Wer Jesus sieht, sieht den Vater (Joh 14,9), und der erkennt, wer und wie Gott ist. »Gott ist Liebe« (1 Joh 4,8.16). Es ist das Wesen der Liebe, dass sie vereint, ohne den anderen zu vereinnahmen; sie setzt den anderen vielmehr in sein Eigensein frei und ist die tiefste Erfüllung des eigenen Seins wie des Seins des anderen. Das »Ist« im christologischen Bekenntnis »Jesus ist der Sohn Gottes« ist darum nicht im Sinn einer Substanz-Ontologie zu verstehen, sondern muss im Sinn einer personalen relationalen Ontologie der Liebe verstanden werden, in der höchstmögliche Einheit zugleich größtmögliche Freiheit bedeutet.

Das ist eine Aussage, welche die aristotelische Substanz-Ontologie revolutioniert. Denn nach Aristoteles ist die Relation ein einer Substanz inhärierendes Akzidenz und als solche die schwächste aller Seinskategorien.[69] Wenn man dagegen, wie ansatzhaft bei Duns Scotus, die Identität eines Seienden zugleich Diversität zum anderen Seienden ist, Identität also Nicht-Identität in der Relation zu anderem Seienden, ist die Relation keine kategoriale, sondern eine transkategoriale und damit eine transzendentale Seinsbestimmung.[70] Das trifft in besonderer Weise bei der Person zu, die schon Richard von St. Viktor als Geistnatur in ihrer an andere nichtmitteilbaten Daseinsweise *(naturae rationalbilis incommunicabilis existentia)* definiert hat und sie damit als Einmaligkeit und Nichtwiederholbarkeit im Verhältnis

---

69 Aristoteles, Met XIII, 1 1088 a; so bestimmt auch Thomas von Aquin in I Sent 26,2, 2 ad 2 in der Ordnung der Welt die Relation als das unter allen Prädikaten schwächste Sein.

70 Art. Relation, in: LThK[3] 8 (1999), 1028–30; Relationale Ontologie, in: ebd. 1030f.

Reflexionen zur Christologie

zu einer anderen verstanden hat.[71] Auf der anderen Seite findet die menschliche Person gerade darin ihre Erfüllung, dass sie dieses ihr transzendentales Mit-Sein mit anderen Personen in sich selbst schenkender Liebe ganz annimmt, sich ganz mitteilt und eben darin ganz zu sich findet und den anderen nicht vereinnahmt, sondern ihn in sein Eigensein freigibt und freisetzt.

Dieses Paradox der Liebe ist das Größte, das auf der geschöpflichen Ebene gedacht werden kann. Wenn vollends Gott sich in Jesus Christus im Heiligen Geist als sich schenkende Liebe offenbart, die das Menschsein Jesu in einer einmaligen Weise hypostatisch mit sich eint und es eben dadurch ganz in seine Geschöpflichkeit freisetzt, dann ist diese Relation nicht nur das Größte, was gedacht werden kann, sondern größer als alles, was gedacht werden kann.[72] Liebe ist dann der alles übergreifende und alles prägende Sinn des Seins, und das Christusereignis der Menschwerdung des Logos ist das Wasserzeichen in aller Wirklichkeit. Denn in ihm wurde alles erschaffen. »Alles ist durch ihn und auf ihn hin geschaffen« (Kol 1,15; Joh 1,3f.). Christus ist gleichsam die Hieroglyphe, die aller Wirklichkeit eingeschrieben und eingeprägt ist.

Die Aussage, dass Gott in sich schenkende Liebe ist, öffnet einerseits den Blick in das innere trinitarische Geheimnis Gottes und macht die Bestimmung der trinitarischen Personen als subsistente Relationen verständlich.[73] Sie öffnet uns zum anderen den Blick auf das, was wir als Christen durch den Geist Christi in Christus, dem einen Sohn Gottes, als Söhne und Töchter Gottes sind. Im Heiligen Geist ist die Liebe, die in der ein für alle Mal ereigneten Selbstmitteilug Gottes in Jesus Christus erschienen ist,

---

71 Richard von St. Viktor, De Trinitate IV, 22. 24.

72 Diese Steigerung findet sich schon bei Anselm von Canterbury, Proslogion, cap. 2 und cap. 15.

73 Dazu ausführlich W. Kasper, Der Gott Jesu Christi (1982), WKGS 4 (2008), 445–477.

in unsere Herzen ausgegossen (Röm 5,5). Durch den Heiligen Geist werden wir nicht hypostatisch, sondern gnadenhaft in die Liebe zwischen Vater und Sohn hineingenommen und zu Adoptivsöhnen und Adoptivtöchtern unseres gemeinsamen Vaters im Himmel.[74]

Schließlich eröffnet die Aussage, dass Liebe der Sinn des Seins ist, den Blick auf den Sinn der Wirklichkeit insgesamt. Weil alles in ihm und auf ihn hin geschaffen ist, ist er das Licht der Welt (Joh 8,12). Was das bedeutet, kann ich am besten mithilfe einiger Zitate aus der Pastoralkonstitution des Zweiten Vatikanum darlegen. Die Christus-Hieroglyphe hilft uns, die »Zeichen der Zeit« zu deuten und den Sinn der Geschichte wie unseres eigenen Lebens zu verstehen (GS 4). In Christus ist uns der Schlüssel, der Mittelpunkt und das Ziel der ganzen Menschheitsgeschichte gegeben; in ihm kann man das Geheimnis des Menschen erhellen. Im Licht Christi kann die Kirche alle Menschen ansprechen, um das Geheimnis des Menschen zu erhellen und mitzuwirken dabei, dass für die drängendsten Fragen unserer Zeit eine Lösung gefunden wird (GS 10).

Der Mensch ist sich selbst eine ungelöste Frage, die er dunkel spürt und die niemand, besonders in bedeutenden Ereignissen des Lebens. gänzlich verdrängen kann (GS 21). In Christus, dem neuen Adam, hat Gott dem Menschen den Menschen geoffenbart. Durch Christus und in Christus wird das Rätsel von Schmerz und Tod hell, das außerhalb seines Evangeliums uns überwältigt. Christus hat sich gewissermaßen mit jedem Menschen vereinigt und sein Leben dahingegeben. »Da er für alle gestorben ist, und es in Wahrheit nur eine letzte Berufung des Menschen gibt, die göttliche, müssen wir festhalten, dass der Heilige Geist allen die Möglichkeit anbietet, diesem österlichen Geheimnis in einer Gott bekannten Weise verbunden zu sein« (GS 22).

---

[74] Vgl. dazu H. Schauf, Die Einwohnung des Heiligen Geistes [Anm. 63].

Reflexionen zur Christologie

Christus ist »Ziel der menschlichen Geschichte, der Punkt, auf den hin alle Bestrebungen der Geschichte und der Kulturen konvergieren, der Mittelpunkt der Menschheit, die Freude der Herzen und die Erfüllung ihrer Sehnsüchte.« »Von seinem Geist belebt und geeint, schreiten wir der Vollendung der menschlichen Geschichte entgegen, die mit dem Plan seiner Liebe zusammenfällt: alles in Christus dem Haupt zusammenzufassen, was im Himmel und auf der Erde ist« (Eph 1,10) (GS 45).
Das alles müsste selbstverständlich im Einzelnen sorgfältig und ausführlich entfaltet werden. In diesem Zusammenhang können wir nur eine Schlussfolgerung für die Christologie darlegen.[75] Aufgrund des Gesagten dürfen wir das Christusereignis nicht als isoliertes Geschehen vor 2000 Jahren betrachten und die Christologie nicht als einen isolierten Traktat neben anderen Traktaten behandeln. Jesus Christus ist die Summa und das Summum der Offenbarung. In ihm und auf ihn hin ist alles geschaffen; er hat sich in der Menschwerdung gewissermaßen mit jedem Menschen vereinigt, um alle zu retten (1 Tim 2,4) und nicht nur uns, sondern die Welt mit Gott zu versöhnen (2 Kor 5,19). Darum müssen wir die Christologie im Zusammenhang der ganzen Welt- und Heilsgeschichte sowie der Lehre von unserer Erlösung, der Lehre von der Gnade, unserer Sendung in der Welt wie der christlichen Spiritualität betrachten. Nach Blaise Pascal dauert die Agonie Christi bis zum Ende der Welt. Und Pascal fügt hinzu:

---

[75] Wie man weiß, sind die grundlegenden Kapitel der Pastoralkonstitution wesentlich von der Zusammenarbeit zwischen H. de Lubac und dem damaligen Kardinal Karol Wojtyła geprägt worden, wobei beide philosophisch von Maurice Blondel abhängig waren. Unter diesem Gesichtspunkt wären die vorangehenden Zitate der Pastoralkonstitution tiefer zu verstehen. Vgl. J. C. Scannone, Die Blondelsche Philosophie der Aktion und die Aktion von Papst Franziskus, in: P. Reifenberg (Hg.), Maurice Blondel: L'Action (1893) – Die Tat. Eine Phänomenologie der Liebe, 195–211; C. Theobald, Das Zweite Vatikanische Konzil als Stil in der Nachgeschichte Blondels, in: ebd., 279–304.

Jesus Christus heute bezeugen

»Nicht schlafen darf man bis dahin.«[76] Im Kirchenlied singen wir: »Da schreitet Christus durch die Zeit, in seiner Kirche Pilgerkleid« (Gotteslob 347).

Gefragt, wo angesichts der Abgründe der Geschichte und der Untiefen, die sich auch in der Kirchengeschichte auftun, heute Christus durch unsere Zeit schreitet, dann kann meine Antwort im Sinn der Kenosis-Christologie nur sein: Nicht bei den wohlhabenden reichen Kirchen, sondern bei den verfolgten Christen und in den verfolgten Kirchen Asiens, Afrikas und Lateinamerikas. Für die Kirche der ersten Jahrhunderte waren Verfolgung und Martyrium nicht Zeichen des Untergangs der Kirche; sie waren vielmehr Zeichen der Hoffnung und des Sieges des neuen Lebens. Auch heute wird in den Märtyrern das Geheimnis von Tod und Auferstehung zu neuem Leben wieder neu gegenwärtig.[77] Das Blut der Märtyrer ist auch heute der Same für neue Christen.[78] Nicht einer *prosperity Church,* der Märtyrerkirche ist die Zukunft verheißen.

So können wir zusammenfassen: Das Bekenntnis zu Jesus Christus stellt uns vor große denkerische Herausforderungen, um nur das eine Wörtchen »ist« zu bedenken, wenn wir sagen: Jesus ist wahrer Gott und Mensch, und um darin den Sinn des Seins als Liebe zu begreifen. Glaubwürdig kann dieses Bekenntnis nur sein, wenn es nicht Theorie bleibt, vielmehr zur befreienden, versöhnenden und heilenden Tat wird. Beide, Theorie wie Praxis, sind nur dann fruchtbar, wenn wir Christologie als geistliches Bemühen verstehen, das aus der persönlichen Freundschaft mit Jesus Christus entspringt, um immer wieder neu zu staunen über den Reichtum der Weisheit, die uns in Jesus Christus geschenkt ist.

---

76 B. Pascal, Pensées, Fragment 552.
77 E. Schockenhoff, Entschiedenheit und Widerstand. Das Lebenszeugnis der Märtyrer, Freiburg i. Br. 2015, 39–41.
78 Tertullian, Apologeticum 50,13.

Mysterium fidei
Die Eucharistie als Mitte und Höhepunkt des christlichen Lebens

I. Zeit für Mystagogie

Die Liturgische Bewegung am Ende des 19. und in der ersten Hälfte des 20. Jahrhunderts war eine der großen kirchlichen Aufbruchs- und Erneuerungsbewegungen in der katholischen Kirche, in der Oxford-Bewegung der anglikanischen Gemeinschaft und in hochkirchlichen Gemeinschaften in den evangelisch-lutherischen Kirchen. Ihr ging es, ausgehend von der Feier der Liturgie als Mitte des christlichen Lebens, um eine grundlegende Erneuerung der Kirche wie der gesamten Kultur.[1] Bereits Papst Pius X. hat unter dem Leitwort »Alles in Christus erneuern« von der aktiven Teilnahme *(actuosa participatio)* der Gemeinde bei der Feier der Liturgie gesprochen. Papst Pius XII. hat sie mit der Enzyklika *Mediator Dei* (1947) und mit der Wiedereinführung der Ostervigil gefördert.[2] Die Liturgiekonstitution des Zweiten Vatikanischen Konzils *Sacrosanctum Concilium* (1963) ist die Frucht dieser Bewegung, und die nachkonziliare Liturgiereform die sichtbarste Frucht des Konzils.

In Deutschland war die Liturgische Bewegung vor allem von der Jugendbewegung getragen. Romano Guardini war einer der bedeutenden Inspiratoren; er hat uns den Geist der Liturgie und

---

1 Art. Liturgische Bewegung, in: LThK³ 6 (1997), 992–994; B. Neunheuser, Die klassische Liturgische Bewegung (1909–1963) und die nachkonziliare Liturgiereform. Vergleich und Versuch einer Würdigung, in: FS Dom Bernard Botte, Louvain 1972, 401–416.

2 Pius X., Motu proprio *Tra le sollecitudini* (1903). Bei Pius XII. war außerdem die Wiederherstellung des Zeichens und der Form der Ordination durch die Apostolische Konstitution *Sacramentum ordinis* (1947) wichtig.

den Sinn der heiligen Zeichen der Liturgie neu erschlossen.[3] Als Gymnasiast habe ich die frühen Schriften von Guardini geradezu verschlungen. Als Student habe ich in den Semesterferien das Standardwerk der liturgischen Erneuerung, Josef A. Jungmanns zweibändige *Missarum Solemnia,* studiert.[4] Jungmann hat mir die Augen dafür geöffnet, dass die Messe in allen Jahrhunderten dieselbe war und ist, dass sich jedoch der Ritus der Messe in der Geschichte immer wieder verändert hat. Auch die vorkonziliare Gestalt der Liturgie, die lateinische sogenannte tridentinische Messe, war das Ergebnis einer Reform, die nach der Reformation dringend nötig war. Jungmann hat uns die Genese und die Gestalt dieser Liturgie in einer Weise erklärt, dass die konziliaren und nachkonziliaren Reformen für uns kein Bruch, sondern ein Aufbruch waren und zeigten, dass die Kirche dieselbe und doch jung und lebendig geblieben ist.

Ich selbst bin mit und in der alten Form der Liturgie aufgewachsen, getauft, gefirmt und zur Erstkommunion geführt worden, Ministrant gewesen und 1957, als noch niemand von einem Konzil sprach, zum Priester geweiht worden. Doch einen der frühesten Vorboten der liturgischen Erneuerung, das deutsche Volksmessbuch, den »Schott«, bekam ich schon zur Erstkommunion geschenkt.[5] Durch die an Josef Jungmann orientierte pastoraltheologische Ausbildung bei Franz Xaver Arnold war die erneuerte Liturgie für mich ein erwarteter und ein ersehnter Auf-

---

[3] R. Guardini, Vom Geiste der Liturgie (1918); Von heiligen Zeichen (1922); Besinnung vor der Feier der hl. Messe (1939). Vgl. A. Schilson, Perspektiven theologischer Erneuerung. Studien zum Werk Romano Guardinis, Düsseldorf 1986. Neben Guardini sind vor allem Pius Parsch und Johannes Pinsk zu nennen.

[4] J. A. Jungmann, Missarum solemnia, Wien 1949, ⁵1962.

[5] So bezeichnet nach dem Beuroner Benediktinermönch Anselm Schott (1843–1896), der 1884 den ersten »Schott« herausgebracht hat.

Die Eucharistie als Mitte und Höhepunkt

bruch.[6] Ebenso war es in den allermeisten Gemeinden. Als Papst Paul VI. 1970 auf der Grundlage der Liturgiekonstitution des Zweiten Vatikanums das neue Messbuch in Kraft setzte, wurden die Reformen von der großen Mehrheit gerne angenommen. Die Feier am Volksaltar in der Muttersprache und unter aktiver Beteiligung der Gemeinde ist heute aus den Pfarreien und Gemeinschaften nicht mehr wegzudenken.

Die Liturgiereform war freilich nicht nur die sichtbarste Frucht des Konzils, sie war auch die Reform, welche nach dem Konzil zum sichtbarsten innerkirchlichen Konflikt geführt hat. Sie hat zu einem De-facto-Schisma mit der von Erzbischof Marcel Lefebvre 1970 gegründeten Priesterbruderschaft Pius X. geführt. Erzbischof Lefebvre hat die Liturgiereform und das neue Messbuch als Ergebnis einer antichristlichen Verschwörung verworfen, die nach seiner Überzeugung in der Kirche einen größeren Schaden verursacht hat als die Französische Revolution. Alle Versuche, zu einer Übereinkunft zu kommen, haben bisher leider zu keinem Ergebnis geführt.[7]

Auch innerhalb der Kirche hadern noch manche Katholiken mit der neuen Form der Messe und ziehen es vor, die sogenannte tridentinische Messe nach dem Messbuch von Papst Paul V. (1570) zu feiern, das noch 1962 von Johannes XXIII. in leicht revidierter Form publiziert wurde. Papst Benedikt XVI. ist ihnen mit dem Apostolischen Schreiben *Summorum Pontificum* (2007) entgegengekommen und hat die Feier in der vorkonziliaren Form unter bestimmten Voraussetzungen als außerordentliche Form erlaubt.

6 Franz Xaver Arnold (1898–1969), der Tübinger Schule, besonders J. B. v. Hirscher verpflichtet, 1946–66 Professor für Pastoraltheologie, Liturgik und Religionspädagogik an der Universität Tübingen. Vgl. G. Schneider, Auf dem Fundament von Dogma und Geschichte. Der pastoraltheologische Entwurf Franz Xaver Arnolds (1898–1969), Ostfildern 2009.

7 Y. Congar, Der Fall Lefebvre. Schisma in der Kirche? Freiburg i. Br. 1977; A. Schifferle, Das Ärgernis Lefebvre. Informationen und Dokumente zur neuen Kirchenspaltung, Kevelaer 2009.

Mysterium fidei

Bei dem Wunsch nach der »alten« Messe mag Nostalgie mitspielen. Doch die Tatsache, dass auch junge Priester, die erst nach dem Konzil geboren sind und die frühere Form der Liturgie gar nicht mehr kennengelernt haben, die zudem meist nur wenig Latein kennen und dennoch nach dem »alten« Ritus die Messe in lateinischer Sprache feiern wollen, zeigt, dass das Problem tiefer sitzt als bloße Nostalgie.[8] Es ist das Verlangen nach dem sakralen Mysterium.

Dieses Verlangen ist der erneuerten Liturgie keineswegs fremd. Ganz im Gegenteil! Denn genau dies war die Grundidee eines der wichtigsten theologischen Vordenker der liturgischen Erneuerung, des Benediktinermönchs von Maria Laach Odo Casel (1886–1948). Er deutete die Liturgie als Kultmysterium.[9] Manche bezeichnen das als die originellste theologische Idee des 20. Jahrhunderts. Dabei ging es Casel angesichts der Krise der Neuzeit ähnlich wie Romano Guardini um eine grundsätzliche Wende hin zum Mysterium. Diese Grundidee wurde in der erneuerten Liturgie in dem Ruf des Liturgen (Diakon oder Priester) *Mysterium fidei* (Geheimnis des Glaubens) beim Höhepunkt der Eucharistiefeier nach den Einsetzungsworten aufgegriffen. Dieser Ruf war in der gesamten vorhergehenden lateinischen Tradition unbekannt; er war eine Neuerung, aber eine Neuerung in Richtung Mysterium.

Man kann sich fragen, ob die Liturgiereform dieses Ziel erreicht hat. Romano Guardini selbst hat schon 1964 mitten im Rausch der Um- und Neugestaltung der Liturgie zur Überra-

---

8 In der Sache ist es falsch, von »altem« und »neuem« Ritus zu sprechen. Es geht bei dem »neuen« Ritus um den »alten« lateinischen Ritus in erneuerter, vereinfachter und durchsichtigerer Form, der sich von den ebenfalls altehrwürdigen orientalisch-orthodoxen und den byzantinisch-orthodoxen Riten unterscheidet.

9 O. Casel, Das christliche Kultmysterium (1932). Vgl. A. Schilson, Theologie als Sakramententheologie. Die Mysterientheologie Odo Casels, Mainz 1982; Mysterientheologie, in: LThK[3] 7 (1998), 575–576.

Die Eucharistie als Mitte und Höhepunkt

schung der zum 3. Deutschen Liturgischen Kongress versammelten Fachleuten der Liturgie seine Zweifel angemeldet. Liturgie war nach seiner Grundüberzeugung nicht etwas, was man macht und veranstaltet. In der Liturgie geht es um eine Zeichenhandlung, in der das unserem Zugriff entzogene Mysterium gegenwärtig wird. Er fragte sich, ob der heutige, von der Technik und von einem funktionalistischen Denken bestimmte Mensch noch liturgiefähig ist und die Zeichen und die Sprache der Liturgie versteht.[10] Zu Recht forderte er nicht nur liturgische Reformen, sondern liturgische Bildung.

Wie recht er damit hatte, zeigt die schlichte Tatsache, dass die Liturgiereform das gesteckte Ziel einer größeren Akzeptanz und breiteren Teilnahme an der Liturgie nicht erreicht hat. Im Gegenteil, die Kirchen sind leerer geworden, und die »neue« Messe sieht für viele schon wieder alt und veraltet aus. Ihre Form und Sprache sind auch vielen Katholiken nicht mehr verständlich und darum die Teilnahme am Sonntag für viele nicht mehr selbstverständlich. Man braucht das Wort Kult nur zu nennen, um sofort energischen Widerspruch und harte Kritik zu ernten. Von Kult zu reden, so wird dann gesagt, sei doch hoffnungslos vorkonziliar und verkenne, dass die Eucharistie eine Mahl- und Gemein-

---

10 R. Guardini, Der Kultakt und die gegenwärtige Aufgabe der liturgischen Bildung, in: LJ 14 (1964), 101–106. G. Greshake (Kirche wohin? Ein realutopischer Blick auf die Kirche der Zukunft, Freiburg i. Br. 2020, 193) hält diese Frage für falsch gestellt und verweist auf Quasiliturgien von Fußballveranstaltungen, Zapfenstreichs, Karnevalsfeiern u. a., um zu zeigen, dass man nicht von einer grundsätzlichen Distanz zu kultisch-rituellen Veranstaltungen sprechen kann. Das ist gewiss richtig. Aber es geht in der Liturgie eben nicht um solche Quasiliturgien, die man, um größere Akzeptanz zu finden, nachahmen sollte, sondern – wie er selbst sagt – um ein Offensein für Gott in heiligem Schweigen, um sein Kommen dann in Gesängen und in heiligen Zeichen und Riten feiernd darzustellen, wie es auch Jesus beim Letzten Mahl getan hat.

schaftsfeier ist, die man nicht mystifizieren und sakralisieren dürfe. Obwohl sich in der Argumentation die traditionsorientierten und die sich als modern-fortschrittlich gebenden Gruppen diametral entgegenstehen, ist es wie oft, dass sich die Extreme berühren. Die ersteren wollen zwar vom Mahlcharakter der Eucharistie nichts wissen und kritisieren den erhöhten Priestersitz hinter dem Altar und die dem Volk zugewandte Zelebrationsform mit der Begründung, dass dort, wo man vorher auf den Tabernakel schaute, jetzt der Priester steht oder sitzt. Die anderen kritisieren von anderen Voraussetzungen aus ebenfalls die Priesterzentriertheit der erneuerten Eucharistieform als Ausdruck von Klerikalismus. Während das Konzil sagte, die Eucharistie sei Mitte und Höhepunkt des christlichen Glaubens und des Lebens der Kirche (SC 10; LG 11), kritisieren »Konservative« durch die einseitige Betonung der Eucharistie seien andere aus der Volksfrömmigkeit entstandene Gottesdienstformen (Andachten, Prozessionen u. a.) in Vergessenheit geraten; die Fortschrittlichen kritisieren ebenfalls die Eucharistiezentriertheit der Kirche und fordern alternative priesterlose, entklerikalisierte alltägliche Gottesdienstformen.

In der Tat, Höhepunkt kann die Eucharistie nur sein, wenn sie eingebettet ist in einen Kranz anderer Sakramente und wenn es auch andere Gottesdienstformen gibt, insbesondere Familiengottesdienste oder bescheidener ausgedrückt: das gemeinsame Familiengebet, wie ich es in meiner Kindheit jeden Abend und besonders in der Advents- und Weihnachtszeit erlebt habe. Zu einem Gipfel muss man erst mühsam hinaufsteigen, eine geistliche Seilbahn oder gar eine geistliche Hubschrauberlandung auf dem Gipfel hat bislang niemand erfunden und kann es auch nicht geben. Die Feier der Eucharistie setzt darum hinführende alltägliche und wieder in den Alltag zurückführende nichteucharistische Liturgieformen voraus. Die Eucharistie als Mitte macht nur

Die Eucharistie als Mitte und Höhepunkt

Sinn, wenn sie Mittelpunkt in einem sie umgebenden Kreis von anderen Gottesdienstformen mitten im Leben ist.

Doch die Rede von einer »Liturgie im Alltag der Welt« könnte schnell zu einer Verweltlichung der Liturgie führen und in einer Banalisierung enden, bei der es keine Höhen und Tiefen, keine orientierende Mitte, sondern nur noch trostlos sich ausbreitende Peripherie gibt. Sie wäre dann gegen den Geist gerichtet, aus dem die Liturgische Bewegung geboren wurde, und würde uns um deren Erbe betrügen.[11]

Wollen wir dem Geist der Liturgischen Bewegung treu bleiben, dann nicht dadurch, dass wir zur alten Form zurückkehren, sondern dadurch, dass wir ihr Anliegen aufgreifen und weiterführen, indem wir das »Mysterium fidei« der eucharistischen Liturgie, so wie sie als ordentlicher erneuerter Ritus gefeiert wird, besser und tiefer verstehen und in der liturgischen Praxis so die eine und selbe Liturgie verlebendigen und erneuern, welche die Kirche bei allen Wandlungen des römischen Ritus in allen Jahrhunderten gefeiert hat.

Im Grunde ist das der Weg, den uns die Liturgiekonstitution des Konzils gewiesen hat. Sie hat darauf aufmerksam gemacht, dass sich in der Liturgie nicht das ganze Tun der Kirche erschöpft. »Denn ehe die Menschen zur Liturgie herantreten können, müssen sie zu Glauben und Bekehrung gerufen werden ... Darum verkündet die Kirche denen, die nicht glauben, die Botschaft des Heils ... Denen aber die schon glauben, muss sie immer wieder Glauben und Buße verkünden und sie überdies für die Sakramente bereiten« (SC 9). Konsequent hat Papst Paul VI. nach dem Konzil deutlich gemacht, Evangelisierung sei der Grundauftrag der Kirche, ja ihre wahre Identität. Alle seine Nachfolger haben

---

11 H. Hoping hat zu Recht auf die Gefahr einer Säkularisierung und des Verlusts des Mysteriums hingewiesen, in: Sakramentalität und Sakralität als Kern katholischer Identität, in: G. Augustin (Hg.), Eucharistie verstehen – leben – feiern (FS Kardinal K. Koch), Ostfildern 2020, 178–200.

Mysterium fidei

sich dieses Anliegen zu eigen gemacht. Das Thema Evangelisierung ist sozusagen der rote Faden und der Cantus firmus der nachkonziliaren Kirche.[12] Sie ist die Grundlage, die Eucharistie der Höhepunkt des christlichen Lebens. Paulus spricht von einem geistigen, das heißt von einem verstehenden Gottesdienst *(logiké latreia)* (Röm 12,1). Die Liturgie ist keine mysteriöse, irrationale, rein emotional oder ästhetisch berührende Angelegenheit. Sie soll alle unsere menschlichen Sinne ansprechen, soll aber vor allem im Glauben verstehbar und in diesem Sinn aktiv mitvollziehbar sein. Wenn die Eucharistie Mitte und Höhepunkt des christlichen und kirchlichen Lebens ist, dann ist die Eucharistiekatechese ein Grundauftrag der Kirche. Ohne Hinführung zum inneren Verständnis des liturgischen Mysteriums, seiner Sprache und Riten werden alle anderen noch so gut gemeinten Reformversuche ins Leere gehen.

Was Guardini liturgische Bildung genannt hat, nannten die Kirchenväter Mystagogie, was nichts anderes meint als eine Einführung in das Mysterium, das wir in der Liturgie feiern. Sie war in der Kirche der ersten Jahrhunderte die Aufgabe des Bischofs. Bedeutende Bischöfe, die auch große Theologen waren, man denke an Cyrill von Jerusalem oder an Augustinus als Bischof von Hippo, waren sich nicht zu schade, die Taufbewerber in den Glauben und in die Sakramente einzuführen. Vor dem Konzil hat uns Romano Guardini die Welt der Liturgie und der Sakramente neu erschlossen.[13] Nach dem Konzil hat Joseph Ratzinger versucht, eine neue liturgische Bewegung anzuregen.[14] Ich möchte nochmals bei Josef A. Jungmann anknüpfen. Er war, bevor er als

---

12 Paul VI., Apostolisches Schreiben *Evangelii nuntiandi* (1975); Johannes Paul II., Enzyklika *Redemptoris missio* (1990); Apostolisches Schreiben *Novo millennio ineunte* (2000); Benedikt XVI., Motu proprio *Ubicumque et semper* (2010); Franziskus, Apostolisches Scheiben *Evangelii gaudium* (2013).
13 Vgl. oben Anm. 3.
14 J. Ratzinger, Der Geist der Liturgie (2000), in: JRGS 11, 29–194.

Die Eucharistie als Mitte und Höhepunkt

Liturgiewissenschaftler hervortrat, der maßgebende Vertreter der damaligen pastoral ausgerichteten »Theologie der Verkündigung« und ein geschätzter Fachmann für Katechese. Das ist in einer Kultur wie der unsrigen, die einseitig funktionalistisch, technologisch und utilitaristisch ausgerichtet ist, keine einfache, aber eine inzwischen unabweisbare Aufgabe.[15] In der Umweltkrise und in der Pandemie spüren wir, dass wir in unser Verhältnis zur Natur grundsätzlich umdenken und zu einem ehrfürchtigeren Umgang mit der Wirklichkeit kommen müssen und den Sinn für urmenschliche Symbole und für die Symbolsprache neu lernen müssen.[16] Wir müssen dem Geheimnis des Lebens neu auf die Spur kommen und das Mysterium neu entdecken.

II. Das Mysterium neu entdecken

Zu dem Wort Geheimnis haben wir heute ein ambivalentes Verhältnis. Wenn von Geheimniskrämerei, Geheimverhandlungen, Geheimdokumenten, Geheimpolizei, Geheimarchiv, von Päpstlichem Geheimnis die Rede ist, dann klingt das verdächtig und lässt sofort den Verdacht auf Vertuschung aufkommen. Das widerspricht dem Anspruch auf Transparenz und Offenlegung der Fakten. Andererseits wäre eine Welt des gläsernen Menschen, in der es keinen Respekt für die Privat- und Intimsphäre mehr gäbe, eine unerträgliche, zutiefst inhumane Welt.

Andere denken, wenn von Kultmysterium die Rede ist, an die antiken Mysterienkulte, welche in der Spätantike, als die alten

---

15 Vgl. W. Kasper, Neue Evangelisierung als theologische, pastorale und geistliche Herausforderung, in: Das Evangelium Jesu Christi, WKGS 5 (2009), 245–317; zur Weitergabe des Glaubens vgl. ders., Die Wahrheit in Liebe tun. Schriften zur Pastoral (WKGS 17/1) 2018.
16 Papst Franziskus hat uns dazu in der Enzyklika *Laudato si* (2015) nachdrücklich eingeladen.

Mysterium fidei

mythologischen Religionen am Ende waren, weit verbreitet waren.[17] In ihnen drückt sich im Unterschied zu den Mythen und zur römischen Staatsreligion eine Individualisierung der Religion aus. Man konnte auswählen und durch eine rituelle Initiation eingeweiht werden und an der Lebenskraft des Göttlichen teilnehmen, das als unaussprechlich galt, über das man darum nur schweigen konnte und auch schweigen musste. Das kommt heute einem normal aufgeklärten Menschen in einem abwertenden Sinn als mysteriös vor. Wenn überhaupt, dann gehört das Wort Geheimnis einem intim-persönlichem Bereich im Sinn eines verschwiegenen Herzensgeheimnisses an.[18]

Angesichts dieser Situation muss man Karl Rahner dankbar sein, dass er uns den Begriff Geheimnis denkerisch neu erschlossen hat.[19] Ich habe das Anliegen auf meine Weise aufgenommen und bin bei der Grundlegung der Sakramentenlehre von den Knotenpunkten menschlicher Existenz ausgegangen.[20] Es gibt Grundsituationen des Lebens wie Geburt und Tod, Eintritt ins Erwachsenenleben, Partnerwahl und Eheschließung, schwere

17 Art. Mysterienreligionen, in: LThK³ 7 (1998), 572–575.

18 Im Lateinischen wurde der griechische Begriff *mysterion* mit *sacramentum* übersetzt. Die deutsche Übersetzung mit Geheimnis geht auf Luther zurück. Er meinte, das sei am besten verständlich. Doch damit hat er die Bedeutung von *mysterium* auf der Sprachebene des *secretum* angesiedelt. In der katholischen Theologie der Neuzeit wurde der Begriff dann als übernatürliches Glaubensgeheimnis und als Lehrgeheimnis verstanden. Klassisch bei M. J. Scheeben, Mysterien des Christentums (1865), GS Bd. 2, Freiburg i. Br. 1951. Vgl. dazu Art. Geheimnis II, in LThK³ 4 (1995), 355–356.

19 K. Rahner, Schriften zur Theologie Bd. 4, 491–508. Das Thema hat Rahner bewegt bis hinein in seine eindrucksvolle Abschiedsvorlesung: Von der Unbegreiflichkeit Gottes. Erfahrungen eines katholischen Theologen. Hg. von Albert Raffelt. Mit einer Einführung von Karl Lehmann, Freiburg i. Br. 2004, ⁴2006.

20 WKGS 10 (2010), bes. 116–121; ders., Kirche. Wesen – Wirklichkeit – Sendung, Freiburg i. Br. 2011, 118–125.

Die Eucharistie als Mitte und Höhepunkt

Schuld und schwere Krankheit sowie tragische Unfälle, in denen sich die Frage nach dem Sinn des Lebens, dem Sinn des Leidens und des Sterbens aufdrängt. In solchen Situationen wird man nachdenklich: Woher komme ich, und warum bin ich auf der Welt? Was soll ich mit meinem Leben machen? Was geschieht im Sterben? Wo sind unsere verstorbenen Lieben? Enden wir im Nichts? Geht unser Leib wie eine Blume, die verwest, einfach wieder in den Zyklus des Lebens ein oder kommt da noch etwas?

Die Frage stellt sich ebenso, wenn wir auf den Kosmos schauen. Was war vor dem Urknall? Woher kommt diese zusammengeballte ungeheure Energie, die sich nun im Kosmos zeigt? Das führt zur Grundfrage der Metaphysik, wie sie Leibniz, Schelling und Heidegger gestellt haben: Warum ist überhaupt etwas und nicht lieber nichts? Und nicht zuletzt: Was ist der Sinn meines persönlichen Lebens? Wozu bin ich auf die Welt gekommen? Wozu sind wir auf Erden?

Solche Fragen lassen sich nicht wissenschaftlich beantworten. Sie zeigen, dass unser Leben an ein Geheimnis grenzt. Letztlich ist der Mensch sich selbst ein Geheimnis. Nach Rahner ist Gott das eine Geheimnis in den vielen Geheimnissen, und es ist die schwere, aber unabweisbare Aufgabe des Theologen, über das Geheimnis des seinem Wesen nach unbegreiflichen Gottes zu sprechen. Dabei muss er gegen den heute verbreiteten Agnostizismus ankämpfen, der sagt: Auf diese Fragen gibt es keine Antwort und kann es keine Antwort geben. Wir müssen uns damit bescheiden, dass es die höchste Weisheit ist, mit Sokrates zu sagen: »Ich weiß, dass ich nichts weiß.« Doch wenn es ernst wird, lassen sich diese Fragen nicht einfach verdrängen. Durch Gleichgültigkeit gegenüber den genannten Lebensfragen verliert der Mensch seine ihn vor allen anderen Lebewesen auszeichnende Würde; er würde sich zurückkreuzen zu einem findigen Tier.

Ludwig Wittgenstein beendete sein Frühwerk »Tractatus logico-philosophicus« mit den Worten: »Wir fühlen, dass selbst wenn alle möglichen wissenschaftlichen Fragen beantwortet sind, unsere Lebensprobleme noch gar nicht berührt sind« (6.52). »Es gibt allerdings Unaussprechliches. Dies zeigt sich, es ist das Mystische« (6.522). »Wovon man nicht sprechen kann, darüber muss man schweigen« (7).[21] Doch auch Wittgenstein hat später nicht geschwiegen. In seinem Spätwerk hat er erkannt, dass es neben der Wissenschaftssprache andere Sprachformen, sogenannte Sprachspiele, gibt, etwa die dichterische Rede oder die religiöse Rede. Sie sagen uns etwas und sprechen uns an; aber sie sagen es nicht in objektivierbarer wissenschaftlicher Form, und doch können sie uns betroffen machen, ja erschüttern, sie können aufrüttelnd, niederschmetternd oder auch befreiend und geradezu erlösend wirken; sie machen nachdenklich.

Die eigentliche Schwierigkeit ist offensichtlich nicht das Wort Mysterium/Geheimnis, die Schwierigkeit ist, dass wir für das Geheimnis des Lebens, des Menschen und der Welt oft keinen Sinn und keine Antenne haben. Oft fehlt uns die Sprache, um diesem Geheimnis Ausdruck zu geben. Wir sind religiös sprachlos geworden und damit – wie Guardini gegen Ende seines Lebens festgestellt hat – liturgieunfähig geworden. Da helfen rein äußere Reformen der Liturgie wenig. Wir müssen neu bei Dichtern und Mystikern in die Schule gehen. Man denke an die gewaltige Bildersprache der Hildegard von Bingen oder an die zarte Sprache der spätmittelalterlichen Frauenmystik bei Gertrud der Großen, Mechthild von Magdeburg und Mechthild von Hackeborn und bei vielen anderen. Von der Sprache der Psalmen der Bibel zehrten viele Generationen von Juden und Christen in den Fährnissen ihres Lebens und ihrer Geschichte.

Wir müssen wieder neu lernen, die geschöpfliche Wirklichkeit in ihrer tieferen symbolischen Bedeutung zu verstehen, um dadurch »Gott in allen Dingen«, vor allem in den kleinen und alltäglichen Dingen des Lebens, zu finden. »Gott in allen Dingen

---

21 L. Wittgenstein, Tractatus logico-philosophicus (1921), Berlin 1964, 114f.

suchen und finden« war das Anliegen der spätmittelalterlichen Mystik und gilt als Schlüsselwort für die Spiritualität des Ignatius von Loyola.[22] Ein solches ehrfürchtiges Fragen und Suchen ist grundlegend für die grundsätzliche Wende in unserer Einstellung zur Schöpfungswirklichkeit, wie Papst Franziskus sie in der Enzyklika *Laudato sì* (2015) anmahnt.

Wir können etwa fragen: Was ist das – Brot und Wein? Wir können die chemische Zusammensetzung analysieren. Wir können beides im Supermarkt aus dem Regal nehmen und kaufen. Aber zuvor ist das Korn auf den Feldern und sind die Trauben in den Weinbergen gewachsen und an der Sonne gereift. Das Brot ist aus vielen Körnern zusammengebacken, der Wein aus vielen Trauben gepresst und zu einer stimmigen Einheit geworden. Durch menschliche Arbeit und aufgrund jahrhunderte-, ja jahrtausendealter Erfahrung wurden Brot und Wein kunstvoll zubereitet. So schmecken sie köstlich; das Brot schenkt uns neue Lebenskraft, der Wein Daseinsfreude; beim gemeinsamen Mahl stiften beide Gemeinschaft und Zusammengehörigkeit. Dabei dürfen wir uns glücklich schätzen, Brot und Wein zu haben, denn viele Menschen auf dieser Erde haben kein Brot zu essen und erst recht keinen Wein zu trinken; sie hungern und dürsten. Nichts von alldem ist selbstverständlich. Brot und Wein gibt es nicht einfach; sie sind »Frucht der Erde und der menschlichen Arbeit«. Sie sind Gabe und Geschenk, sie sind ein Segen und ein Anlass, nachdenklich und dankbar zu sein und bewusst zu werden: Letztlich müsste es immer so sein und bleiben. Letztlich hungern und dürsten wir nach dem ewigen, dem himmlischen Mahl, das Gott uns verheißen hat.

---

22 J. Sudbrack, »Gott in allen Dingen finden«. Eine ignatianische Maxime und ihr metahistorischer Hintergrund, in: GuL 65 (1992) 165–186; E. Iserloh, »Gott in allen Dingen finden«, in: ders., Kirche – Ereignis und Institution, Bd. 1, Münster 1985, 216–231.

Mysterium fidei

In unserer technisierten, einseitig funktional und utilitaristisch orientierten Welt und ihrer Wegwerfunkultur bedarf es der Mystagogie, der einfühlsamen Hinführung, um dem Geheimnis des Lebens auf die Spur zu kommen und auch uns selbst besser zu verstehen. Wir müssen das Staunen über das, was ist, dass und wie es ist, neu lernen. Und so Gott in allen Dingen finden.

III. Das Christus-Mysterium

Die Bibel nimmt in vielfacher Weise teil an der altorientalischen und gewissermaßen auch gesamtmenschlichen Weisheit.[23] Der biblische Dulder Hiob muss noch in seinem unverschuldeten Elend Weisheit in allen Dingen erkennen und sich fragen, wo sie sich findet und woher sie kommt. Nur Gott kennt den Weg zu ihr, und Gott hat schon auf sie geschaut, als er den Himmel und die Erde erschuf; damals hat er sie gesehen und gezählt, sie festgestellt und erforscht (Ijob 28,12f. 23–27; vgl. Spr. 8,22–31; Weish 6,22; 9,9) und alles nach Maß, Zahl und Gewicht geordnet (Weish 11,21). So ist das Geheimnis von Anfang an verborgen und doch offenbar in der Welt. Wenn wir die Wirklichkeiten der Welt und des Lebens in ihrer Schönheit und Stimmigkeit ehrfürchtig und nachdenklich betrachten, vermitteln sie uns zumindest eine Ahnung des göttlichen Geheimnisses (Weish 13,1–9).[24] Darum haben die

---

23 G. v. Rad, Weisheit in Israel, Neukirchen 1970; J. Assmann, Theologie und Weisheit im alten Ägypten, München 2005.

24 Auf die grundsätzlich mögliche natürliche Erkennbarkeit Gottes, wie sie sich auch bei Paulus in Röm 1,20 findet, kann in diesem Zusammenhang nicht eingegangen werden. Die Bibel spricht nicht von einer rationalen Beweisbarkeit; sie weiß, dass der Mensch die Wahrheit niederhalten und verdrängen kann. Es genügt nicht, Gott zu erkennen, man muss ihn auch als Gott anerkennen. So ist die Gotteserkenntnis auch eine Frage des Willens, sie ist eine gesamtmenschliche Frage des Erkenntniswillens, bei dem Erkenntnis und Interesse miteinander verschränkt sind. Der

Die Eucharistie als Mitte und Höhepunkt

Menschen von Anfang an gesucht und Gott zu erstasten und zu finden gesucht. »Denn keinem von uns ist er fern. Denn in ihm leben wir, bewegen wir uns und sind wir« (Apg 17,27f.).

In seinem vollen theologischen Sinn taucht der Begriff Geheimnis in der Bibel erst spät in der frühjüdischen Apokalyptik beim Propheten Daniel auf.[25] Dort geht es um Enthüllung von Geheimnissen, welche aufgrund des verborgenen Ratschlusses Gottes am Ende der Tage geschehen müssen (Dan 2,18f.27f.47). Nach Daniel wird Gott am Ende nach dem Untergang der großen Weltreiche ohne Zutun von Menschenhand ein ewiges Reich errichten, das nicht untergeht, sondern ewig Bestand hat (2,44; 7,14). Das war die große Hoffnung, aus der das Volk Israel trotz schwerer Schicksalsschläge über Jahrhunderte lebte und bis heute überlebt.

Gott ist zwar der Verborgene (Jes 45,15). Doch sein Ratschluss steht von Ewigkeit fest, und Gott ist treu, auf ihn ist Verlass; er wird kommen und offenbar werden. Das Geheimnis ist nicht Grenze, es führt hinaus ins Weite, es eröffnet Zukunft, macht Mut, Zuversicht, Hoffnung. »Seht ich mache etwas Neues« (Jes 43,18). Das ist die Trostbotschaft des Propheten in der menschlich ausweglosen Situation des Exils (40,1). »Seht, Gott kommt mit Macht« (40,10). Das ist Freudenbotschaft, auf Griechisch: Evangelium (40,9; 52,7). Es ist Licht am Horizont und Kraft auf dem Weg. Das biblisch verstandene Geheimnis ist keine

---

Mensch kann sich vor allem selbst zum Götzen machen und selbst bestimmen wollen, was gut und böse ist (Gen 3,4f.). Er kann sich auch Götzen schaffen, sich ihnen unterwerfen und seine Freiheit an sie verlieren. Solche Götzen sind nicht nur eine der Vergangenheit angehörige Größe; es gibt genügend moderne Götzen (Idole), die umso mächtiger sind, wenn sie nicht als solche bezeichnet und durchschaut werden.

25 Im Unterschied zu Casel setzen wir nicht mehr bei den hellenistischen Mysterienkulten an, sondern in der alttestamentlichen und frühjüdischen Tradition; vgl. G. Bornkamm, *mysterion*, in: ThWNT IV, 809–834; Art. Mysterium II und III, in: LThK³ 7 (1998), 577–581.

Mysterium fidei

Grenze, keine Mauer und keine Wand, vor der wir stehen und wo wir nicht weiterkommen.

Jesus tritt auf mit der Botschaft: »Das Reich Gottes ist nahe« (Mk 1,14). Die Hoffnungs- und Freudenbotschaft der Propheten wird jetzt Wirklichkeit. Die Staunen erregenden wunderbaren Großtaten Jesu, dass Blinde sehen und Lahme gehen und er den Armen eine gute Nachricht bringt, sind Anzeichen und Vorzeichen des kommenden Reiches, das mit Jesu Kommen anbricht und im Kommen ist (Lk 4,18). Doch den Augen der meisten ist dieses Geheimnis verborgen. Nur den Jüngern wird das Geheimnisse des Reiches Gottes anvertraut; aber auch sie tun sich schwer zu verstehen, dass Jesus das kommende Reich Gottes in Person ist (Mk 4,11; Mt 13,11).[26] Voll und endgültig gingen auch ihnen die Augen erst nach seiner Auferstehung auf, als er das Brot segnete und es mit ihnen brach (Apg 24,31).

Paulus steht bereits in der nachösterlichen Situation. Das Wort *mysterion* ist bei ihm zwar kein allzu häufiger, aber dennoch ein zentraler Begriff. Am frühesten findet er sich bei der Auseinandersetzung mit dem Geheimwissen der korinthischen Sektierer. Ihnen sagt Paulus: Nicht euer Geheimwissen, vielmehr der Gekreuzigte und Auferstandene ist das offenbare Geheimnis (1 Kor 2,7). Das Kreuz ist freilich ein paradoxes Geheimnis, Torheit und Ärgernis vor der Welt. In Röm 16,25 schreibt Paulus dann: Das Geheimnis, das seit ewigen Zeiten unausgesprochen waltet, ist jetzt in seinem Evangelium offenbar. Sein Evangelium ist das Evangelium von Jesus Christus, dem Gekreuzigten und Auferstandenem, in dem Gott endgültig sein Herrsein und die Herrlichkeit seiner Liebe geoffenbart hat.

In den spät- oder deuteropaulinischen Briefen wird *mysterion* vollends zu einem zentralen Begriff. In Kol 1,26 fasst der Apostel zusammen und verkündet jenes Geheimnis, das seit ewigen Zei-

---

26 Vgl. G. Bornkamm, *mysterion*, in: ThWNT IV [Anm. 25], 820–823; J. Gnilka, in: EKK II/1, 165; zum Messias-Geheimnis ebd., 167–170.

Die Eucharistie als Mitte und Höhepunkt

ten und Generationen verborgen war und das jetzt Gottes Heiligen offenbart wurde. Es ist das Geheimnis vom Christus in euch, die Hoffnung auf Herrlichkeit. Dann betont er nochmals: Alle sollen »das göttliche Geheimnis erkennen, das Christus ist. In ihm sind alle Schätze der Weisheit und der Erkenntnis verborgen« (Kol 2,2). In ihm wollte Gott in seiner ganzen Fülle wohnen, um durch ihn alles zu versöhnen (Kol 1,19f.). Im Epheserbrief wird derselbe Gedanke im Blick auf die Kirche weitergedacht: Das den Menschen früherer Generationen verborgene Geheimnis ist jetzt den Aposteln und Propheten geoffenbart, dass nämlich die Heiden Miterben sind und zu demselben Leib der Kirche gehören und durch das Evangelium an denselben Verheißungen in Christus Jesus teilhaben Das *mysterion* ist in der Kirche aus Juden und Heiden konkret geworden. Es ist nicht nur Botschaft, es zeigt sich von Anfang an in der Schöpfung und nimmt durch das Evangelium jetzt Gestalt an in der Kirche (Eph 3,4). Es ist das Geheimnis von Christus und der Kirche (5,32).

Im Evangelium von Tod und Auferstehung Christi geht uns ein Licht auf, welches das Dunkel des Lebens und selbst das dunkle Geheimnis des Todes hell macht, ein Licht, das Grund, Sinn und Ziel aller Wirklichkeit aufdeckt. Das Evangelium ist Erleuchtung, es ist Aufklärung im ursprünglichen und besten Sinn des Wortes (2 Kor 4,4). 1 Tim 3,9.16, wo bereits formelhaft vom »Geheimnis des Glaubens« die Rede ist, zeigt wie fast selbstverständlich das Wort in der spät- oder unmittelbar nachapostolischen Zeit geworden ist, das jetzt in die nachkonziliare Liturgie eingegangen ist. Im Unterschied zu den Mysterienkulten ist es kein Geheimwissen, es beansprucht vielmehr die größtmögliche Öffentlichkeit. Man soll es mit allem Freimut verkünden (Eph 6,19). Es ist keine abstrakte komplizierte oder gar abstruse Wahrheit; das Geheimnis ist Jesus Christus in Person und in seiner Gegenwart in der Kirche aus Juden und Heiden.

Mysterium fidei

Das vierte Evangelium nach Johannes spricht nicht ausdrücklich vom Geheimnis, sagt aber in anderer Sprache dasselbe.[27] Nach dem Prolog des Evangeliums ist das ewige Wort in aller Wirklichkeit und in der ganzen Geschichte der Menschheit anwesend (Joh 1,3f.). Es erleuchtet jeden Menschen, der in diese Welt kommt (Joh 1,9). In der Menschwerdung Jesu Christi ist es konkret sichtbar und fassbar geworden und in seiner ganzen Fülle erschienen (Joh 1,14). In ihm ist das, was als dunkles Geheimnis von allem Anfang an über der Welt und über dem Leben lag, offenbar geworden. Der 1. Johannesbrief sagt: »Was von Anfang an war, was wir gehört, was wir mit unseren Augen gesehen, was wir geschaut und was unsere Hände gefasst haben, das verkünden wir: das Wort des Lebens« (1 Joh 1,1). Das Geheimnis ist nicht ein etwas; es ist eine konkrete Person. Jesus Christus ist das Licht des Lebens und das Licht der Welt (Joh 8,12). Er ist als Licht in die Welt gekommen, damit jeder, der an ihn glaubt, nicht in der Finsternis bleibt (Joh 12,46).

Das führt uns zu der Eucharistierede im 6. Kapitel des Johannesevangeliums. Im ersten Teil der Rede legt Jesus dar, dass er das wahre Brot des Lebens ist (Joh 6,3.48). Er ist die Substanz, von der man zehren und leben kann und sogar ewig leben wird. »Wer glaubt, hat das ewige Leben« (Joh 6,47). Seine Worte sind Geist und Leben (Joh 6,63). Im zweiten Teil sagt er dann, dass er das Brot des Lebens nicht nur ist, sondern das Brot des Lebens auch gibt, nämlich sein Fleisch, das er hingibt für das Leben der Welt (Joh 6,51). »Wer mein Fleisch isst und mein Blut trinkt, hat das ewige Leben, […] der bleibt in mir und ich bleibe in ihm«

---

27 Zum Folgenden: R. Schnackenburg, Das Johannesevangelium Bd. 1 (HThKNT IV/1) (1965), 89, Prolog und Bd. 2 (HThKNT IV/2) (1971) zur Eucharistierede in Joh 6.

Die Eucharistie als Mitte und Höhepunkt

(Joh 6,54.56). Damit wird, was die anderen biblischen Schriften mit Geheimnis bezeichnen, mit der Eucharistie verknüpft.[28]

Nach Paulus werden wir durch das Untertauchen bei der Taufe in die Finsternis des Todes Jesu Christi mit hineingenommen, um dann in Zukunft mit Christus am Licht und am neuen Leben seiner Auferstehung teilzuhaben (Röm 6,3–5). Entsprechend sollen wir uns als Menschen des Lichts betrachten, die der zum Tod führenden Sünde keinen Raum geben und in Christus für Gott leben (Röm 6,5–11). Darum wird die Taufe im Hebräerbrief als Erleuchtung bezeichnet (Hebr 6,4; 10,32). Das ist kein geringer

---

28 Eberhard Jüngel hat diese Verknüpfung infrage gestellt: Er sagt, das Wort *mysterion* findet sich im Neuen Testament selten; wo es auftritt, wird es von Jesus Christus ausgesagt, jedoch nicht auf gottesdienstliche Handlungen bezogen, und wo von gottesdienstlichen Handlungen die Rede ist, findet sich der Begriff *mysterion* nicht. Die altkirchliche Anwendung auf die Sakramente ist nach ihm darum fragwürdig. Vgl. E. Jüngel/K. Rahner, Was ist ein Sakrament? Freiburg i. Br. 1971; ders., Die Kirche als Sakrament?, in: ders., Wertlose Wahrheit. Theologische Erörterungen III, München 1990, 311–334. Dazu kritisch: J. Ratzinger, Zum Begriff des Sakraments (1978), JRGS 11 (2008), 217–225. Jüngel übersieht, dass das Mysterium nach dem Neuen Testament schon in der Schöpfung wirksam und diese in Christus und auf ihn hin geschaffen ist. In Christus ist alles Menschliche angenommen, auch menschliche Symbolwirklichkeit wird durch das Wort in der Kraft des Heiligen Geistes in Dienst genommen und zum Symbol des neuen Lebens. Das Wort Gottes kann darum nicht, wie Jüngel es im Anschluss an K. Barth tut, einseitig als Einbruch und Unterbrechung der irdischen Wirklichkeit charakterisiert werden, das der Mensch nur passiv hören kann, um dann Gott wirken zu lassen. Das Wort hören, es im Hören annehmen, um das Gehörte in der Kraft des Heiligen Geistes wirken zu lassen, es zu tun und zu bezeugen ist ein aktives menschliches Tun. In diesem Sinn kann Paulus sich als Apostel aufgrund von Gottes Gnade als Mitarbeiter an Gottes Heilswerk bezeichnen (1 Kor 3,9). Das Mysterium Christi schließt die Kirche ein, die es bezeugt und in der es geglaubt wird; es nimmt durch die Verkündigung in der Kirche und ihrem Glauben Gestalt an (Eph 3,4–9; 1 Tim 3,16) und ist insofern Geheimnis Christi und der Kirche (Eph 5,32).

Mysterium fidei

Anspruch; denn danach sind die Christen nicht die Dunkelmänner, sie sind die wahren Aufgeklärten. Sie tappen nicht im Dunkel; sie haben das Licht des Lebens und sollen Licht sein für die Welt (Mt 5,14).

Paulus überträgt diese Botschaft auch auf die Eucharistie. Wenn wir – so sagt er – das eucharistische Brot essen und aus dem Kelch trinken, dann verkünden wir den Tod des Herrn, bis er kommt (1 Kor 11,26). Dann leuchtet das Licht der Hoffnung, das der Glaube schenkt, auf. Die finstere Todesmacht und das Dunkel des Todes sind dann gebannt. Das Licht von Ostern geht auf. Der Tod hat nicht das letzte Wort. Das alles wird uns in der Eucharistie nicht nur gesagt; es wird konkret Wirklichkeit. Denn wenn wir von dem einen Brot, das der Leib Christi ist, essen, dann werden wir ein Leib in Christus (1 Kor 10,17).

Diese Botschaft des Paulus haben die Kirchenväter aufgegriffen und dargelegt, dass der eucharistische Leib des Herrn den Leib Christi, der die Kirche ist, aufbaut. Eucharistie und Kirche gehören darum unlösbar zusammen. Die Kirchenväter sagen dies mit sehr deutlichen Worten. »Wir gehen in das über, was wir empfangen« (Leo der Große, sermo 63,7). Augustinus sagt sogar: »Euer Geheimnis liegt auf dem Altar. Seid, was ihr seht, und empfanget, was ihr seid. Empfangt den Leib Christi, seid der Leib Christi« (sermo 272). In der Eucharistie wird das tiefste Wesen der Kirche, ihre Einheit in Christus, Wirklichkeit. So ist die Eucharistie »Zeichen der Einheit, Band der Liebe« (In Joan. 26,13). Diese Aussage wurde später von den Konzilien oft wiederholt.[29] Sie findet sich auch bei Thomas von Aquin. Nach Thomas ist die Einheit der Kirche die eigentliche Frucht *(res)* dieses Sakraments;

---

29 IV. Laterankonzil (1215) DS 802; Konzil von Trient (1551) DS 1635 und 1649; Vatikanum II, SC 26; 47; LG 3; 7; 11; Johannes Paul II., Enzyklika *Ecclesia de Eucharistia* (2003). Diese Aussage findet sich auch noch beim frühen Luther, Ein Sermon von dem hochwürdigen Sakrament des heiligen wahren Leichnams Christi und von den Bruderschaften (1519).

Die Eucharistie als Mitte und Höhepunkt

denn durch den Empfang des einen Leibes Christi werden wir zu dem einen mystischen Leib Christi.[30]

Leider ist diese Wahrheit im Gefolge des ersten und zweiten Abendmahlsstreits, auf die wir noch zu sprechen kommen werden, in Vergessenheit geraten. Die Eucharistie wurde dadurch einseitig individualisiert und die Kirche einseitig als soziale und politische Institution wahrgenommen. In der Liturgischen Bewegung haben wir die Eucharistie wieder als »Gemeinschaftsmesse« (wie man damals sagte) entdeckt. Dies war vor allem das Verdienst von Henri de Lubac (1896–1991) in seiner Studie über den Wandel des Begriffs *corpus mysticum*.[31] Er hat uns wieder gelehrt: Die Kirche feiert die Eucharistie, und sie lebt zugleich aus der Eucharistie.[32] Indem die Eucharistie mit Brot und Wein geschöpfliche und zugleich kulturelle Wirklichkeiten aufgreift, bezieht sie die kosmische Wirklichkeiten wie grundlegende Wirklichkeiten menschlicher Arbeit und Kultur in ihre Feier ein und wird so – wie Pierre Teilhard de Chardin (1881–1955) formulierte – zum Lobgesang des Alls.[33]

In diesem umfassenden Sinn spricht das Zweite Vatikanische Konzil vom Mysterium Christi. Dieses Wort zieht sich wie ein roter Faden durch viele Dokumente des Konzils. Besonders die Liturgiekonstitution setzt bereits in der Einleitung mit der grundlegenden Aussage ein. Sie sagt: In der Liturgie, besonders in der Eucharistie, »vollzieht sich das Werk unserer Erlösung«. So trägt sie »in höchstem Maß dazu bei, dass das Leben der Gläubigen

---

30 Thomas von Aquin, S. th. III, 73, 6; 80, 10 ad 2.

31 H. de Lubac, Corpus mysticum. Kirche und Eucharistie im Mittelalter (1949), Einsiedeln 1969.

32 H. de Lubac, Die Kirche. Eine Betrachtung, Einsiedeln 1968, 127–142, aufgegriffen von Johannes Paul II., Enzyklika *Ecclesia de eucharistia* (2003).

33 Das hat P. Teilhard de Chardin, Lobgesang des Alls (1961), Freiburg i. Br. 1964, großartig zur Sprache gebracht. Papst Franziskus hat es in der Enzyklika *Laudato sì* (2015) aufgegriffen.

Ausdruck und Offenbarung des Mysteriums Christi und des eigentlichen Wesens der wahren Kirche wird, der es eigen ist, zugleich göttlich und menschlich zu sein«. Dabei verweist das Gegenwärtige auf die künftige Stadt, die wir suchen. Sie baut uns zum Tempel im Herrn auf, zur Wohnung Gottes im Geist. »Sie stellt denen, die draußen sind, die Kirche vor Augen als Zeichen, das aufgerichtet ist unter den Völkern« (SC 2).

Diesen weiten Bogen, der von der Frage nach dem Geheimnis unseres Lebens zur biblischen Botschaft vom Geheimnis des Ratschlusses Gottes führt, der in Jesus Christus offenbar geworden, in der Kirche gegenwärtig ist und in der eucharistischen Liturgie gefeiert wird, muss man in Blick nehmen, wenn wir von dem liturgischen Ruf »Geheimnis des Glaubens« sprechen und die Antwort der Gemeinde bedenken: »Deinen Tod verkünden wir und deine Auferstehung preisen wir, bis du kommst in Herrlichkeit.« In der Feier der Eucharistie wird dieses Geheimnis des Glaubens gegenwärtig. Darum ist die Liturgie »der Höhepunkt, dem das Tun der Kirche zustrebt, und zugleich Quelle, aus der all ihre Kraft strömt« (SC 10). Sie ist »Quelle und Höhepunkt des ganzen christlichen Lebens« (LG 11), aus ihr lebt und wächst die Kirche immerfort (LG 26).

IV. Eucharistie als Pascha-Mysterium

Wenn wir das Christusmysterium in der Eucharistie näher bedenken wollen, dann ist es ratsam, von den Abendmahlstexten selbst auszugehen. Dabei stellen sich exegetisch viele schwierige und kontrovers beantwortete Fragen, auf die wir nicht im Einzelnen eingehen können.[34] Vor allem stellt sich die Frage, wie sich die Überlieferungen in den drei synoptischen Evangelien zuein-

---

34 Dazu ausführlich in: W. Kasper, Sakrament der Einheit, in: WKGS 10 (2010), 266–271.

Die Eucharistie als Mitte und Höhepunkt

ander und im Verhältnis zum 1. Korintherbrief verhalten. Offensichtlich tragen alle Traditionen bereits Spuren sehr früher liturgischer Ausgestaltung. Dabei reicht der Text im 1. Korintherbrief, den der Apostel zwischen 53 und 55 in Ephesus geschrieben hat und den er selbst aus schon vorhergehender Tradition übernommen hat, zeitlich am nächsten an das ursprüngliche Geschehen heran (1 Kor 11,23–26). Er entspricht beim Becherwort der Formulierung im Lukasevangelium: »der Neue Bund in meinem Blut«. Da die lukanische Tradition außerdem mit dem doppelten Becherwort die am wenigsten liturgisch ausgeprägte ist, darf man annehmen, dass sie die älteste uns greifbare biblische Tradition enthält (Lk 22,14–20). Die Traditionen bei Markus und Matthäus zeigen gegenüber Lukas deutlichere Spuren liturgischer Prägung und stehen dabei einander im Brot- wie im Becherwort sehr nahe (Mk 14,17–21; Mt 26,20–35).

Schwierig bleibt die Frage, inwieweit wir von diesen Berichten auf das letzte Mahl Jesu mit seinen Jüngern zurückschließen können. Die Annahme, dass das Mahl Jesu mit seinen Jüngern ein Paschamahl am Abend vor Jesu Tod war, ist historisch schwierig, weil kaum anzunehmen ist, dass die Gerichtsverhandlung vor Pilatus und die Kreuzigung am Paschafest selbst stattgefunden haben. Außerdem fehlen beim Herrenmahl alle Spezifika des Paschamahles. So ist wohl die Darstellung im vierten Evangelium vorzuziehen, wonach das Abendmahl am Rüsttag vor dem Pascha stattgefunden hat und Jesus am folgenden Tag, an dem die Lämmer für das abendliche Paschamahl geschlachtet wurden, am Kreuz gestorben ist (Joh 13,1f.; 18,28; 19,31). Jesus selbst ist das neue Paschalamm, als das er bei Paulus gefeiert wird (1 Kor 5,7).

Das Letzte Mahl Jesu war ein rituelles jüdisches Festmahl, das als Lobopfer *(toda)* gefeiert wird und mit einem Wort begonnen wurde, welches den Anlass des Mahles deutet.[35] So stellt es Lu-

---

35 So H. Gese, Die Herkunft des Herrenmahls, in: ders., Zur biblischen Theologie, München 1977, 107–127.

kas dar, nach dem Jesus bei der Erhebung des Bechers mit Wein auf seinen bevorstehenden Tod und zugleich über seinen Tod hinaus auf das Kommen des Reiches Gottes schaut: »Von nun an werde ich nicht mehr von der Frucht des Weinstocks trinken, bis das Reich Gottes kommt« (Lk 22,18). Das Letzte Mahl ist also kein Totenmahl, es hat einen österlichen Charakter und wird begangen in festlich lobpreisender Vorausnahme des eschatologischen Mahls im Reich Gottes. Die frühen Christen haben darum sehnsüchtig gerufen: »*Marana tha*« »Unser Herr, komm bald!« (1 Kor 16,22; Did 10,6). Diesen hoffnungsvollen eschatologischen Ausblick hat die erneuerte Liturgie aufgegriffen, indem sie bei der Antwort der Gemeinde auf den Ruf »Mysterium fidei« im Anschluss an Paulus (1 Kor 11,26) hinzugefügt hat: »Bis du kommst in Herrlichkeit.«

Sowohl Paulus/Lukas wie Markus/Matthäus rücken bei ihrer theologischen Deutung den Tod Jesu am Kreuz in den Mittelpunkt; sie sind dennoch kein Totenmahl, vielmehr deuten sie den Tod als neuen Anfang. Paulus/Lukas deuten das Becherwort im Anklang an den mosaischen ersten Bundesschluss durch Besprengung mit dem Blut eines Opfertieres (Ex 24,8); sie deuten den Tod Jesu damit als die Erfüllung der Verheißung des Neuen Bundes beim Propheten Jeremia als Bund, der nicht auf Tafeln aus Stein, sondern in die Herzen geschrieben ist (31,31; 32,40). Markus /Matthäus sprechen von dem Blut, das Jesus stellvertretend für uns am Kreuz vergossen hat, und deuten den Tod Jesu damit im Sinn des vierten Lieds vom stellvertretend leidenden Gottesknecht beim Propheten Jesaja (Jes 53,4f.), der sein Leben hingibt zugunsten und stellvertretend für uns, damit wir leben.

Beide Deutungen stimmen darin überein, dass sie den Tod Jesu als Hingabe seines Lebens für uns verstehen. Das unschuldige Opferlamm nimmt den Tod auf sich, damit wir, die Schuldigen, das Leben haben. Diese gemeinsame Deutung aller Abendmahlsberichte soll daher der Schlüssel sein für die Deutung des Abendmahls. Es steht, wie es bei Johannes einleitend heißt, im

Zeichen der Liebe Jesu für die Seinen bis ans Ende und bis zur äußersten Vollendung (Joh 13,1).[36]

Gemeinsam ist allen Überlieferungen außerdem, dass sie das Abendmahl im Zusammenhang mit dem Paschageschehen sehen, das die Juden rituell als Gedächtnis der Nacht begehen, in der Israel aus der Sklaverei in Ägypten befreit wurde und zum Exodus ins Gelobte Land aufbrach (Ex 12f.; Dtn 16,1–8).[37] In der Nacht, in der Jesus eintauchte in die Nacht des Todes, geht er dem aufgehenden Licht des Ostermorgens, dem Licht des neuen Lebens, entgegen. Pascha heißt Übergang, im Alten Testament der rettende Vorbeigang des Todesengels und der befreiende Durchzug durch das Rote Meer, im Neuen Testament der Durchgang vom Tod zum Leben, vom Dunkel zum Licht. Jesus, der von Gott kommt, kehrt zu Gott zurück (Joh 13,3). Augustinus deutet daher Pascha zusammenfassend als *transitus*.[38]

Schon früh ist das Paschageschehen zum Angelpunkt und zum Symbol der Erlösung geworden und auf die Eucharistie hin gedeutet worden. Dieses Thema enthält älteste Christologie und Soteriologie und zugleich eucharistische Theologie. Es ist grundlegend geworden für die gesamte christliche Tradition und Ikonographie.[39]

Bereits bei Paulus ist der auferstandene Christus das geopferte Paschalamm, das Grund der Festesfreude ist (1 Kor 5,7). Damit erinnert der Apostel an den ebenfalls liturgisch begangenen Exo-

---

36 Dazu R. Schnackenburg, Das Johannesevangelium Bd. 3 (HThKNT IV/3) (1975) zu Joh 131f.; M. Ouellet, Er liebte sie bis zur Vollendung, Einsiedeln 2020.

37 Zu den historischen Problemen vgl. Art. Passah, in: LThK³ 7 (1998), 1415f.; zur jüdischen Tradition ebd., 1417f.

38 Augustinus, ep. 55,1,2.

39 Art. Agnus Dei, in: LThK³ 1 (1993), 243f.; Art. Lamm und Lamm Gottes, in: ebd., 6 (1997) 622–624; Art. Lamm, Lamm Gottes, in: LCI 3 (1971), 7–14; Art. *amnós*, in: ThWNT 1 (1933) 342–44; Art. *arníon*, in: ebd., 344f.

dus und an die Befreiung aus der Knechtschaft Ägyptens; durch den Tod Jesu sind wir befreit von der Macht der Sünde. Das geschlachtete und siegreich auferstandene Paschalamm wurde nun zum neutestamentlichen Christussymbol. Im Evangelium nach Johannes weist bereits der Täufer vorausschauend auf Jesus hin als das Lamm, das die Sünden der Welt hinwegnimmt (Joh 1,29.36). Er weist damit zurück auf das vierte Lied vom Gottesknecht. »Wie ein Lamm, das man zum Schlachten führt, und wie ein Schaf angesichts seines Scherers, so tat auch er seinen Mund nicht auf« (Jes 53,7) und hat die Sünden des Volkes getragen (53,4.12). Im Zeugnis des Täufers wird die alttestamentliche Hoffnungsbotschaft neutestamentlich universal ausgeweitet auf die Sünden der Welt.

So wie der Blick vom Tod Jesu zurückgeht zum alttestamentlichen Pascha, das dadurch zum Typus und zum *sacramentum futuri* des neuen Pascha wird, so weitet sich in der Offenbarung des Johannes der Blick vom Pascha Jesu am Kreuz zum Vorausblick auf das endgültige eschatologische Pascha und wird so seinerseits zum *sacramentum futuri*. Vom Pascha Christi dürfen wir hoffnungsvoll in die Zukunft blicken und der eschatologischen Hochzeit des Lammes mit der Braut Kirche entgegensehen (Offb 19,6–9; 21,9.22; 22,1.7). Schon jetzt wird in der himmlischen Liturgie dem Lamm gehuldigt. Wenn wir in der irdischen Liturgie im *Gloria* und im *Agnus Dei* das »Lamm Gottes« besingen, »das die Sünden der Welt hinwegnimmt«, dann dürfen wir nach dieser grandiosen Vision am Lobgesang der himmlischen Liturgie teilnehmen und uns als das für Gott auserwählte Volk wissen, das durch das Blut des Lammes zu Königen und Priestern wurde (Offb 5,6–14; 7,9.17; 12,11; 13,8; 14,4.10; 15,3; 17,14).

Neben der eschatologischen Ausweitung der Offenbarung des Johannes steht im Johannesevangelium eine protologische Ausweitung. Jesus, den der Täufer als das Lamm Gottes bezeugt, sagt von ihm, dass der, der nach ihm kommt, »mir voraus ist, weil er vor mir war« (Joh 1,30). Damit ist, vorbereitet durch die frühjüdische Apokalyptik, die Präexistenz Jesu ausgesagt.[40] Der 1. Petrusbrief nimmt diese Sicht auf. Das »kostbare Blut Christi, des Lammes ohne Fehl und Makel«, war »schon vor Erschaffung der Welt ausersehen«, er ist nun unseretwegen »am Ende der Zeit erschienen« (1,19). Das Erlösungsgeschehen in der Welt ist bei Gott von Ewigkeit her vorbereitet. Das für uns geschlachtete Paschalamm steht als das tröstliche Vorzeichen über der gesamten Weltgeschichte und ihrer Märtyrergeschichte als Zeichen der Hoffnung und des Sieges. Was Jesus immer wieder und vor dem Letzten Mahl erneut als »seine Stunde« bezeichnet (Joh 13,1),[41] ist die Weltstunde und der Wendepunkt, an dem sich die Weltgeschichte ein für alle Mal entscheidet. Das Erdbeben am Ostermorgen ist ein kosmisches Beben, das die Welt aus den Angeln hebt (Mt 28,2).

So steht das Pascha als *transitus* für das tiefste Geheimnis des Menschen, Sterben und Tod, die im Licht des Pascha-Mysteriums Christi hoffnungsvoll aufgehellt werden. Das Pascha steht für das, was christliche Existenz zutiefst ausmacht, den Übergang vom altem zum neuen Menschen, vom Tod zum Leben. Das Pascha deutet den Sinn der Geschichte, deren Siegel nur das Lamm lösen kann (Offb 6). All dies muss man im Blick haben, wenn das Zweite Vatikanum die Eucharistie als Vergegenwärtigung des Pascha-Mysteriums bezeichnet (SC 5; 6; 61; 106f.).[42] Diese grundlegende Aussage des Zweiten Vatikanischen Konzils kann Ausgangspunkt und Leitidee sein für die Theologie der Eucharistie.

---

40 R. Schnackenburg, Das Johannesevangelium (HThKNT IV/1) [Anm. 27], 289–302.
41 Vgl. Joh 2,4; 4,21.23; 5,25.28; 7,30; 8,20; 12,23.
42 Art. Paschamysterium, in: LThK³ 7 (1998), 1410f.

V. Die Eucharistie: Gegenwart – Opfer – Sakrament

Die Wiederentdeckung und Erneuerung der österlichen Pascha-Theologie und des Ostertriduums ist die wichtigste Frucht der Liturgischen Bewegung. Sie muss Ausgangspunkt und zentraler Inhalt der theologischen Deutung der Eucharistie sein. Von diesem Ausgangspunkt aus können wir die drei Teile, in welche die Eucharistielehre in den Auseinandersetzungen des frühmittelalterlichen ersten und zweiten Abendmahlsstreits auseinandergebrochen ist, wieder zu einem Ganzen zusammenfügen: die reale Gegenwart Jesu Christi in der Eucharistie, der Opfercharakter der Eucharistie und die Eucharistie als Sakrament in der Gestalt eines Mahls, in dem wir den Leib und das Blut Jesu Christi als geistliche Nahrung und als Wegzehrung unseres *transitus* zum neuen Leben empfangen.

1. Das Geheimnis der Realpräsenz

Die wirkliche Gegenwart Jesu in der Eucharistie war unter Berufung auf die biblischen Einsetzungsworte »Das ist mein Leib« und »Das ist mein Blut« von allem Anfang an die Überzeugung der Kirche. Die griechischen Väter benützten dafür unterschiedliche Begriffe wie *symbolon, eikon, omoioma, typos* (Symbol, Bild, Gleichbild, Typus).[43] Sie verstanden diese Begriffe im neuplatonischen Sinn der Teilhabe. Die Gaben von Brot und Wein sind nicht nur äußere Zeichen, die etwas bedeuten und etwas sagen. Im Sinn des platonischen Teilhabegedankens sind sie realsymbolische Zeichen, die das enthalten, ja, die das sind, was sie sagen und bedeuten. In den Abendmahlsberichten heißt es nicht: Das

---

43 J. Betz, Die Eucharistielehre in der Zeit der griechischen Väter 2 Bde., Freiburg i. Br. 1954–1969.

Die Eucharistie als Mitte und Höhepunkt

bedeutet mein Leib, sondern: »Das *ist* mein Leib« und »Das *ist* mein Blut«.

Das Wort »Das ist« ist ein wirksames und schöpferisches Wort, welches das Brot, das dem Leib Nahrung schenkt, zum Brot des ewigen Lebens macht. Augustinus hat das auf die Formel gebracht: *Accedit verbun ad elementum et fit sacramentum.* »Es kommt das Wort zum Element und es wird das Sakrament.« Selbstverständlich vertritt Augustinus kein magisches Verständnis. Deshalb fügt er gleich hinzu, es genüge nicht das gesprochene Wort als solches, gemeint sei vielmehr das verkündete Wort des Glaubens der Kirche. In diesem Sinn spricht Augustinus von den Sakramenten als *verbum visibile*.[44] Thomas von Aquin hat dieses Verständnis aufgegriffen und es in doppelter Weise präzisiert: Brot und Wein sind Realsymbol nur durch das deutende sakramentale Wort, das den Gestalten eine dreifache sinngebende Bedeutung gibt: rememorativ, das heißt zurückweisend auf das Kreuz als die Hauptursache *(causa principalis)* des Heils, demonstrativ, das heißt hinweisend auf das aktuelle Geschehen der Heilsvermittlung, und pränuntiativ, das heißt vorausweisend auf die eschatologische Erfüllung. Zur sinngebenden Bedeutung kommt die konsekratorische Bedeutung. Thomas bezeichnet das Wort als die *forma sacramenti*, es ist gleichsam Seele und Lebensprinzip im Leib des sakramentalen Zeichens.[45] Beides bewirken die sakramentalen Worte nur als *verba protestantia fidem*, als Worte, welche den Glauben der Kirche bezeugen. Nur aufgrund des Wortes des Glaubens sind die Sakramente Zeichen des Glaubens, die wirken, was sie bezeichnen.[46]

---

44 Augustinus, Tract. In Joh. 80,3.
45 Thomas von Aquin, Summa theologiae III q. 60 a. 3–7.; q. 74 a. 1.
46 Thomas von Aquin, Summa theologiae III q. 61 a. 3f.; q. 66 a. 5 ad 3. Zur sakramentalen Bedeutung des Wortes bei Augustinus und Thomas vgl. A. Bozzolo/M. Pavan, La sacramentalità della parola, Brescia 2020, 39–54.

Mysterium fidei

Mit dem Verweis auf Thomas haben wir etwas vorausgegriffen; wir müssen nun einen Schritt zurück in die Übergangszeit vom Altertum zum Mittelalter. In der mehr realistisch denkenden und empfindenden germanischen Welt war die realsymbolische Bedeutung der eucharistischen Zeichen nicht mehr geläufig. Man verstand nun die Aussage »Das ist« entweder grob realistisch als Gegenwart des historischen Leibes Jesu oder aber rein symbolisch, das heißt: nicht realsymbolisch, sondern rein zeichensymbolisch im Sinn einer den Gaben zugeschriebenen Bedeutung.[47] Diese Auseinandersetzung wurde im 9. bzw. 12. Jahrhundert im ersten und zweiten Abendmahlsstreit ausgetragen. Um beide Extreme zu vermeiden, entwickelte man im 12. Jahrhundert den Begriff der Transsubstantiation. Das geschah zunächst noch nicht wie später bei Thomas von Aquin in dem aristotelischen Verständnis des Wortes Substanz. Man wollte einfach sagen: Die äußere Erscheinung von Brot und Wein bleiben, aber die Seins-Wirklichkeit wird in Leib und Blut Christi verwandelt. In diesem Sinn wurde der Begriff Transsubstantiation durch das Vierte Laterankonzil (1215) sanktioniert, aber noch nicht formell definiert (DH 802). Das geschah erst durch das Konzil von Trient (1551) gegen die Deutung durch die Reformatoren (DH 1641f.; 1652).[48]

Trient ging es darum, die »wahrhafte, wirkliche und substanzhafte Gegenwart« (DH 1651) festzuhalten. Dafür schien dem Konzil der Begriff Transsubstantiation höchst angemessen *(aptissime)*. Die philosophisch-theologische Deutung des Thomas von Aquin hat das Konzil nicht erwähnt und daher auch nicht indirekt mitdefiniert.[49] Trient sprach von einer *mirabilis et singularis conversio,* das heißt von einem von Gott im Heiligen Geist gewirkten Wunder, das einmalig und nur in Analogie zu anderer Wirk-

---

47 Art. Abendmahlsstreit, in: LThK³ 1 (1993), 35–39.
48 H. Jedin, Geschichte des Konzils von Trient Bd. 3, Freiburg i. Br. 1970, 32–52, 268–291.
49 Transsubstantiation, in: LThK³ 10 (2001), 177–182.

Die Eucharistie als Mitte und Höhepunkt

lichkeit annähernd zu verstehen ist. So ist der Begriff Transsubstantiation zwar höchst angemessen, aber er will und kann die wunderbare Wirklichkeit nicht rational erklären.[50] Er ist eine geeignete theologische Explikation, um das ganz einmalige Wunder im Glauben annäherungsweise verstehbar zu machen, aber die aristotelische Begrifflichkeit ist kein verbindliches Dogma.[51]

Thomas von Aquin hat den Begriff Transsubstantiation in Anlehnung an die aristotelische Lehre von Materie und Form, Substanz und Akzidentien gedeutet. Nach ihm bleiben bei der Transsubstantiation die Akzidentien (Aussehen, Geschmack, Gefühl und anderes), verwandelt wird die Substanz. Doch die Vorstellung, dass es Akzidentien ohne die sie tragende Substanz, in der sie inhärieren, gibt, findet sich bei Aristoteles nicht. Da außerdem der Substanzbegriff schon im Mittelalter unterschiedlich verstanden wurde, fand Thomas nach seinem Tod Kritik. Der spätmittelalterliche Nominalismus lehnte den Realitätsgehalt aller Allgemeinbegriffe ab und tat sie als bloßen *flatus vocis* (Lufthauch) ab und sprach darum von einer Konsubstantiation von Brot und Leib Christi. In den modernen Naturwissenschaften wurden Substanzen als physische oder chemische Realität, als eine Zusammensetzung von Molekülen verstanden, wodurch der Begriff der Transsubstantiation ohne nähere Erklärung vollends missverständlich und unverständlich wurde.

Heute macht man darauf aufmerksam, dass es in den Abendmahlsberichten nicht heißt, »das ist mein Leib«, sondern »das ist mein Leib, *für euch* dahingegeben« und »das ist das Blut des Bundes, das *für viele* vergossen wird«. Beide Male ist die Rede von

50 K. Rahner, in: Schriften zur Theologie Bd. 4, 357–385.
51 Damit geschah etwas Ähnliches wie bei der Ausbildung der altkirchlichen Dogmen; auch sie bedienten sich der philosophischen Begrifflichkeit nicht aristotelice, sondern piscatorice (heute würden wir sagen: pastoral). Vgl. A. Grillmeier, »Piscatorice« – »Aristotelice«, in: ders., Mit ihm und in ihm. Christologische Forschungen und Perspektiven, Freiburg i. Br. 1975, 283–300.

Leib und Blut *für euch«* oder *»für viele«*. In diesem *pro vobis* und *pro multis* geht es nicht einfach um ein »das ist«, sondern um ein »das ist für«. Das Brot *ist* demnach als Gabe für uns die Selbstgabe und Selbstmitteilung Jesu. Jesus vergegenwärtigt das, was er war und was er als der Erhöhte bleibend ist, seine Existenz als Proexistenz, die in seinem Sterben »für die vielen« ihre letzte, nicht mehr überbietbare Radikalität gefunden hat. Es geht um eine Relation, aber eine Relation intensivster Art. Jesus teilt sich nicht *mit* dem Brot, er teilt sich *in* dem Brot mit. Das, was uns wie Brot gereicht und gegeben wird, *ist* Jesus in seiner Selbsthingabe für uns. Es handelt sich um Realpräsenz, freilich um keine statische, naturhafte, dingliche, sondern um eine relationale Realpräsenz. Der Akt des Gebens hat realsymbolische Bedeutung: Er ist eine Symbolhandlung, die das enthält, ja, die das ist, was sie tut. Jesus *ist* gegenwärtig im Brot und im Wein als der sich uns Gebende und sich uns Schenkende.[52]

So suchte man nach dem Zweiten Vatikanischen Konzil die Transsubstantiationslehre durch die Transsignifikationslehre zu ersetzen oder neu als Umwandlung der Bedeutung und des Sinnkontexts der eucharistischen Gaben zu interpretieren. Man sagte, ein Seiendes ist das, was es ist, nur in seinem jeweiligen Sinn- und Bedeutungszusammenhang. Wenn der Sinn- und Bedeutungszusammenhang geändert wird, dann wird auch das Sein dieses Seienden verwandelt. In ähnlichem Sinn hat man von einer Transfinalisation, einer Wandlung des Sinnziels und der Sinnbestimmung, gesprochen. Die Gültigkeit dieser Deutung hängt davon ab, ob und inwiefern sie zeigen kann, dass die neue, im Wort ausgedrückte Sinnbestimmung die Seinswirklichkeit der eucharistischen Gestalten nicht nur akzidentell, sondern in ihrer

---

52 J. Ratzinger, Das Problem der Transsubstantiation und die Frage nach dem Sinn der Eucharistie (1967), in: JRGS 11 (2010), 271–298.

Die Eucharistie als Mitte und Höhepunkt

ontologischen Tiefe neu bestimmen kann.[53] In der Tat lässt sich zeigen, dass die Identität eines endlichen Seienden immer zugleich seine Nichtidentität mit einem anderen Seienden bedeutet. In diesem Sinn ist die Relation nicht wie innerhalb der aristotelischen Substanzontologie ein bloßes Akzidens, sondern eine überkategoriale transzendentale Seinsbestimmung. Das lässt sich auch thomistisch konkretisieren. Nach Thomas ist Sein immer zugleich Wahrsein und Gutsein. Nach Thomas ist alles Seiende eine Zwischenwirklichkeit, die relational bezogen ist auf das Erkennen durch Gott und die Erkennbarkeit für den Menschen und die zugleich gut ist durch Teilhabe an Gottes sich schenkender Güte und darum gut sein kann für den Menschen.[54]

Der Mensch kann nur bis zu einem gewissen Grad bestimmen, was eine Wirklichkeit für ihn bedeutet. Denn die geschöpfliche Wirklichkeit hat vom Schöpfer ihre Eigenbedeutung und ihre eigene Würde, die wir als Menschen zu respektieren haben.

---

53 Transfinalisation, in: LThK[3] 10 (2001), 177. Diese Deutung wurde von Paul VI., Enzyklika *Mysterium fidei*. Über die Lehre und den Kult der heiligen Eucharistie (1965), kritisch beurteilt und zurückgewiesen. Das ist berechtigt, wenn man den Begriff *signum*/Zeichen als bloß informatives Zeichen, als ein der Sache sozusagen übergestülptes Begriffskonstrukt im Sinn eines bloßen äußerlich verstandenen Symbolismus begreift. Ausführliche Darstellung in einem umfassenderen Sinn bei A. Gerken, Theologie der Eucharistie, München 1973; Th. Schneider, Zeichen der Nähe Gottes, Mainz 1979, 163–165. Aus evangelischer Sicht: N. Slenczka, Realpräsenz und Ontologie, Göttingen 1993.

54 Vgl. Thomas von Aquin, Quaestiones disputatae de veritate, q. 1 a. 1 und 2. Damit nehme ich den Hinweis von B. Welte auf: Zum Verständnis der Eucharistie, in: ders., Auf der Spur des Ewigen, Freiburg i. Br. 1965, 459–467, bes. 664–467. Ich füge jedoch hinzu, dass nach Thomas die menschliche Wahrheitserkenntnis und insofern auch die menschliche Sinnstiftung nur *assimilatio* an die den Dingen von Gott her eigene Wahrheit sein kann. Insofern weist sein Vergleich mit der Umwidmung eines Stücks Stoff zu einer Fahne, welche eine Nation symbolisiert, in die falsche Richtung.

Mysterium fidei

Es ist der prometheische Hochmut des Menschen, zu meinen, die Wirklichkeit sei nur Material und Ressource für seine Pläne und seine Sinnentwürfe. So haben wir als Menschen niemals die Macht zu einer so tiefgreifenden Umbestimmung des Sinns von Brot und Wein, wie sie in der Eucharistie geschieht. Sie ist nur durch einen neuschöpferischen Akt Gottes möglich. Doch Gott behandelt seine Schöpfung mit Ehrfurcht. Er zerstört die ursprüngliche Seins- und Sinnwirklichkeit von Brot und Wein nicht, er nimmt den geschöpflichen Sinn dieser Gaben auf, Nahrung für das Leben und Freude des Lebens zu sein; er hebt diese Sinnbestimmung auf eine andere Sinn- und Seinsebene und macht sie zum Realsymbol für die Nahrung für das ewige Leben und für die Vorfreude des ewigen Lebens. Diese *mirabilis et singularis conversio* ist nur als Wunder einer neuen Schöpfung möglich, die unseren irdischen Augen jetzt noch verborgen und die nur den Augen des Glaubens erkennbar ist.

Das führt uns zur Epiklese, welche der Zelebrant jeweils vor den Einsetzungsworten »das ist mein Leib«, »das ist mein Blut« spricht. Die Epiklese ist eine Anrufung des Heiligen Geistes, damit der Geist die Wandlung von Brot und Wein in Leib und Blut Christi vollzieht.[55] Die Epiklese schließt jede Eigenmächtigkeit der Kirche oder des zelebrierenden Priesters aus. Sie ist das stärkste Gegengift gegen jede Form von Klerikalismus. In der vorkonziliaren Tradition war diese Epiklese in dem Gebet *Quam oblationem* (das sich im römischen, heute im ersten eucharistischen Hochgebet findet) sprachlich gesehen nur rudimentär vorhanden. In der nachkonziliar erneuerten Liturgie wurde sie zu einer ausdrücklichen Wandlungsbitte. So wie Jesus durch das Wirken des Heiligen Geistes Mensch wurde, so wird er durch das Wirken des Heiligen Geistes durch sein eigenes Wort in den Ge-

---

55 Y. Congar, Der Heilige Geist, Freiburg i. Br. 1982, 464–474; Anrufung des Geistes/Epiklese, in: Neues Lexikon der katholischen Dogmatik (2012), 62–65.

Die Eucharistie als Mitte und Höhepunkt

stalten von Brot und Wein gegenwärtig.[56] Die eucharistische Realpräsenz ist die Selbstmitteilug und Selbstvergegenwärtigung des erhöhten Herrn durch den Heiligen Geist in den Gaben von Brot und Wein als Speise und Vorgeschmack des ewigen Lebens.

Durch diese Selbstvergegenwärtigung des erhöhten Herrn im Heiligen Geist wird in der Eucharistie das »Hingegebenwerden seines Leibes für uns« und das »Vergossenwerden seines Blutes für viele« konkrete gegenwärtige Wirklichkeit. Wir werden in der Eucharistie im Heiligen Geist in die Liebe Gottes, die er uns durch die Sendung seines Sohnes erwiesen hat, hineingenommen. Die Schlussdoxologie des Eucharistischen Hochgebets bringt dieses Hineingenommenwerden in das trinitarische Geschehen zwischen Vater, Sohn und Geist zusammenfassend zum Ausdruck. Die Sprachform der Doxologie oder, wie der römische Kanon sagt, der *hostia laudis,* »durch ihn, mit ihm und in ihm« ist letztlich die dem Mysterium angemessene menschliche Sprache, um das Wunder der Gegenwart zum Ausdruck zu bringen. Das Wort Eucharistie, »lobpreisende Danksagung«, ist darum die sachgemäße Bezeichnung der Liturgie der Messfeier.[57]

Die Feier der Eucharistie ist ein Akt der Anbetung des uns in den eucharistischen Gaben begegnenden und sich uns schenkenden auferstandenen und verklärten Herrn. Vor ihm können wir nur wie Thomas niederfallen und sprechen: »Mein Herr und mein Gott!« (Joh 20,28). Schon Augustinus hat diese innere Logik der Eucharistie klar zum Ausdruck gebracht: »Niemand isst dieses Fleisch, ohne es vorher anzubeten … wir würden sündigen, es nicht anzubeten.«[58] Diese Antwort auf die Gegenwart des Herrn

---

56 Vgl. in diesem Band: Jesus Christus in der Welt von heute bezeugen. Reflexionen zur Christologie. S. 59–98.

57 Die Bezeichnung Eucharistie findet sich bereits in Did 9,5; Justin 1 Apol 66,1; Irenäus, Adv. haer. IV,18,5.

58 Augustinus, En. in Ps 98,9. Vgl. dazu das schöne Kapitel »Die Eucharistiefeier als Anbetung Gottes«, in: G. Augustin, Eucharistie glauben, lieben und feiern, in: ders. (Hg.), Eucharistie [Anm. 11], 38–43.

spricht sich aus in dem auf Thomas von Aquin zurückgehenden Hymnus *Adoro te devote, latens Deitas.* »Gottheit tief verborgen, betend nah ich dir« (Gotteslob 497).

2. Der Opfercharakter der Eucharistie

Mit dem bisher Gesagten haben wir bereits die Brücke geschlagen zu dem Thema, das man als Opfercharakter der Eucharistie bezeichnet. Dieser Opfercharakter ist im ökumenischen Dialog mit den evangelischen Kirchen noch immer eine nicht voll gelöste Kontroversfrage. Das Verständnis des Letzten Mahls Jesu als Lobopfer könnte eine Verständigungsbrücke sein. Doch inzwischen ist die Rede vom Messopfer, die früher katholisch selbstverständlich war, auch vielen Katholiken unverständlich und darum ungebräuchlich geworden.

Diese Zurückhaltung, ja der Widerwille und der Widerstand gegen jede Rede vom Opfer ist religions- und kulturgeschichtlich ein Novum. Über Jahrhunderte und Jahrtausende waren und sind Opfer in allen Religionen selbstverständlich. Dabei ist das Phänomen Opfer so vielfältig, dass es kaum auf einen gemeinsamen Nenner zu bringen ist.[59] Es ist darum zu kurz gegriffen, die Opfervorstellungen auf den Nenner eines Tauschhandels mit Gott zu bringen, der nach dem Motto *do ut des* geschieht. »*Ich bringe Gott ein Opfer dar, dann wird Gott mir gnädig sein.*« Ganz so simpel funktionieren auch die Religionen nicht, die wir mit europäischer Überheblichkeit als primitiv bezeichnen. Die Primitivität, alles nur nach marktwirtschaftlichen Gesichtspunkten zu betrachten, überlassen sie uns Europäern.

Letztlich geht es im Opfer um die Wiederherstellung der durch menschliche Schuld gestörten kosmischen Ordnung; es geht um Heil und Heilung der Welt. Die Festfreude bei den Op-

[59] Art. Opfer I–III, in: LThK 7 (1998), 1061–67.

Die Eucharistie als Mitte und Höhepunkt

fern war die Freude darüber, dass die Welt wieder in Ordnung ist.⁶⁰ S. Freud ist ein unverdächtiger Zeuge, wenn er sagt, dass persönliche Opfer und der Verzicht auf die unmittelbare Befriedigung sinnlicher Bedürfnisse um eines höheren Ideals willen sei die Voraussetzung jeder menschlichen Kultur.⁶¹ Um es einfach zu sagen: Wer es im Sport zu etwas bringen will, muss hart trainieren, und wer ein Musikinstrument ordentlich spielen will, muss viel üben. Ohne Fleiß kein Preis. Anspruchsvoller formuliert es J. Habermas, im Postskriptum seines eindrucksvollen Durchmarschs durch die Menschheitsgeschichte seit der Achsenzeit des halben Jahrtausends von 800 bis 200 vor Christus. Dort kommt er zu der abschließenden Feststellung, dass es der liturgischen Praxis einer Gemeinde von Gläubigen und des Ritus bedarf, der die Verbindung mit der Transzendenz einer in die Welt einbrechenden Macht herstellt, als Pfahl im Fleisch einer Moderne, die dem Sog transzendenzlosen Seins nachgibt.⁶²

Das Alte Testament nimmt an der allgemeinreligiösen Opferpraxis teil und kennt in seinem Bundesgesetz sehr detaillierte Opfervorschriften. Doch schon früh zeigt sich die kritisch reformerische Kraft der Verehrung des einen und einzigen Gottes Jhwh. Schon Samuel sagt: »Hat der Herr an Brandopfern und Schlachtopfern das gleiche Gefallen wie am Gehorsam gegenüber der Stimme des Herrn? Wahrhaftig, Gehorsam ist besser als Opfer, Hinhören besser als das Fett von Widdern« (1 Sam 15,22). Diese Opfer- und Kultkritik haben die Propheten aufgegriffen (Am 5,21–27; Hos 4,4–18; Jes 1,10–16; Jer 7,7–11 u. a.). Ihnen ging es um die ethische und soziale Dimension der Opfer. »Barmher-

---

60 J. Pieper, Muse und Kult (1948) mit einer Einführung von K. Lehmann, München 2007; M. Eliade, Die Religionen und das Heilige. Elemente einer Religionsphilosophie, Salzburg 1954; P. Ricoeur, Symbolik des Bösen. Phänomenologie der Schuld II, Freiburg/München 1971.

61 S. Freud, Das Unbehagen in der Kultur, Wien 1930.

62 J. Habermas, Auch eine Geschichte der Philosophie Bd. 2, Berlin 2019, 803–807.

zigkeit will ich, nicht Opfer« (Hos 6,6). Der äußere Kult wird zur Farce, wenn er nicht ins Leben übersetzt wird.

Ähnliches gilt von den alttestamentlichen Weisheitsschriften. Im Opfer will Gott nicht etwas, er will uns und er will uns ganz. Das wahre Opfer sind Hingabe, Gebet, Demut, Zerknirschung des Herzens. Das findet sich auch in den Psalmen. »Nicht wegen deiner Opfer rüge ich dich, deine Brandopfer sind mir immer vor Augen. Doch nehme ich von dir Stiere nicht an, noch Böcke aus deinen Hürden ... Bring als Opfer dein Lob und erfülle dem Höchsten deine Gelübde ... Wer Opfer des Lobes bringt, wer rechtschaffen lebt, dem zeige ich mein Heil« (Ps 50,7.14.23). »Schlachtopfer willst du nicht, ich würde sie dir geben; an Brandopfern hast du kein Gefallen. Das Opfer, das Gott gefällt, ist ein zerknirschter Geist, ein zerbrochenes und zerschlagenes Herz wirst du, Gott, nicht verschmähen« (Ps 51,18f.). Letztlich hat das Opfer einen martyrologischen Sinn. Man muss sich selbst in die Schanze schlagen und mit seinem Leben und, wenn es nötig ist, mit seinem Sterben Zeugnis geben.

Jesu Auftreten bewegt sich mit seiner Sabbatkritik (Mk 2,23–28; 3,1–6 par.), seiner Kritik der Reinheitsvorstellungen (Mk 7,1–9 par.) bis hin zur Tempelreinigung (Mk 11,15–19 par.) auf dieser prophetischen und weisheitlichen Linie. Jesus hat bei der Tempelreinigung nicht den Tempel abgeschafft, er kritisiert jedoch, dass man ihn zur Markthalle gemacht hat, wo er doch ein Haus des Gebets sein soll. Auch er zitiert den Propheten Hosea: »Barmherzigkeit will ich, nicht Opfer« (Hos 6,6; Mt 9,13; 12,7). Die Erfüllung des Doppelgebots der Gottes- und der Nächstenliebe ist ihm darum mehr als alle Brandopfer und andere Opfer (Mk 12,33). In dem Maß, in dem sein gewaltsamer Tod in den Blick gerät, tritt das martyrologische Motiv in den Vordergrund. Es kommt in den Abendmahlsworten klar zum Ausdruck. Das Wort vom »Leib hingegeben für euch« spricht vom Opfer der Selbsthingabe. Das andere Wort »der neue Bund in meinem Blut« greift die Stiftung des Alten Bundes durch das Blut eines geopferten Tieres auf;

Die Eucharistie als Mitte und Höhepunkt

doch jetzt ist es sein eigenes Blut, durch das der Neue Bund gestiftet wird. Das Opfer ist zum Selbstopfer und zur Selbsthingabe geworden, die konstitutiv ist für den Neuen Bund.

Diese martyrologische Tradition wird im Neuen Testament weitergeführt. Im Epheserbrief heißt es: »Liebt einander, wie auch Christus uns geliebt und sich für uns hingegeben hat als Gabe und als Opfer, das Gott gefällt« (Eph 5,2). Die ausgebildetste Opfertheologie findet sich im Hebräerbrief. Wir haben einen Hohepriester, der es nicht nötig hat, immer wieder Opfer darzubringen, zuerst für sich selbst und dann für das Volk; »denn das hat er ein für alle Mal getan, als er sich selbst dargebracht hat« (Hebr 7,27). Schließlich zitiert der Brief Psalm 40 und legt ihn Christus in den Mund: »Schlacht- und Speiseopfer hast du nicht gefordert, doch einen Leib hast du mir geschaffen; an Brand- und Sündopfern hast du kein Gefallen. Da sagte ich: Ja, ich komme ... um deinen Willen, Gott, zu tun« (Ps 40,7–9; Hebr 10,5–7).

An diesen Aussagen des Neuen Testaments ist entscheidend, dass sie nicht allgemein-religiöse Opferterminologie auf Jesus anwenden und ihn so als Hohepriester verstehen. Das Neue Testament geht den umgekehrten Weg. Es geht von Jesus und seiner Selbsthingabe an den Willen Gottes und für uns aus und interpretiert von Jesu Selbsthingabe her den Opferbegriff neu als Totalhingabe an den Willen des Vaters und für uns.

Dieses martyrologische Opferverständnis ist wichtig, wenn wir nun fragen, ob und inwiefern die Eucharistie als Opfer bezeichnet werden kann. Um diese Frage zu beantworten, müssen wir nochmals auf die Abendmahlsworte zurückkommen. Wenn Jesus sagt »Dies ist der neue Bund in meinem Blut«, dann sagt er: So wie Mose mit dem Blut eines Opfertieres den Alten Bund besiegelt hat, so stifte ich jetzt in meinem Blut den Neuen Bund und begründe damit die neue Bundesordnung. Das ist der Sinn der Worte »Tut dies zu meinem Gedächtnis« (Lk 2,19; 1 Kor 11,24f.). Damit ist gesagt: Jedes Mal, wenn ihr in meinem Auftrag das Brot brecht und teilt und den Becher mit dem Wein austeilt, dann geschieht das, was ich jetzt getan habe. Dann ist das Brechen des Brotes und das Austeilen des Weins Zeichen und Unterpfand des Neuen Bundes, in dem ich mich selbst euch schenke; dann ereignet sich meine Selbsthingabe für euch; dann ist mein Selbstopfer gegenwärtig.

Schon von der Jerusalemer Urgemeinde wird berichtet: »Tag für Tag verharrten sie einmütig im Tempel, brachen in ihren Häusern das Brot und hielten miteinander Mahl in Freude und Einfalt des Herzens« (Apg 2,46). Paulus spricht vom »Kelch des Segens, über den wir den Segen sprechen« und vom »Brot, das wir brechen« als Teilhabe an Leib und Blut Christi (1 Kor 10,16f.). Er setzt also die eucharistische Feier in Korinth als bekannt und als üblich voraus. Das Herrenmahl (1 Kor 11,20) am ersten Tag der Woche gehört seither selbstverständlich zur östlichen wie zur westlichen Tradition.[63]

Überraschend aber ist, dass es in der Tradition kaum zu einer theologischen Reflexion auf den Opfercharakter der Eucharistie kam. Das liegt daran, dass die westliche Theologie nach dem ersten und zweiten Abendmahlsstreit ganz auf die Frage der Realpräsenz in den eucharistischen Gaben fixiert war und dass sie das Sich-selbst-Hingeben und das Selbstopfer Jesu Christi in und durch diese Gaben kaum reflektiert hat. Thomas kennt noch den Reichtum der sakramentalen Wirklichkeit. Er versteht die alttestamentlichen Opfer in ihrer typologischen Bedeutung für das Kreuzesopfer Christi und für die Eucharistie.[64] Die spätmittelalterliche nominalistisch bestimmte Theologie hatte für die symbolische und sakramentale Dimension kein Verständnis mehr.

---

63 Apg 20,7; Offb 1,10; Did 14,1; Barn 15,8f.; Justin, Apol 1, 67, 3; Ignatius, ad Magn 9,1.
64 Thomas von Aquin, S. th. II/I q. 98 a. 1–4; III q. 73 a. 6.

Dieser Mangel an theologischer Reflexion führte in der sakramentalen Praxis zu Wildwuchs und schlimmen Missständen.[65]

Auf solche Missstände hat Martin Luther reagiert und damit erst eine theologische Reflexion über den Opfercharakter der Eucharistie ausgelöst. Seine Reaktion erfolgte schon sehr früh und sehr heftig, geradezu ausfällig in *De captivitate Babylonica* (1520). Dabei ging es Luther nicht nur um die Abstellung von Missständen; es ging ihm um sein theologisches Grundanliegen: *solus Christus,* der uns ein für alle Mal *sola gratia,* allein aus Gnade, und nicht aufgrund unserer Werke oder Gott von uns dargebrachten Opfern erlöst und uns die Sünden vergeben hat. Die Messe als Opfer zu verstehen war für ihn Werkgerechtigkeit. Darum nannte er die Messe in den späten *Schmalkaldischen Artikeln* (1537) einen großen und schrecklichen Gräuel, der über anderen päpstlichen Abgöttereien der größte gewesen ist. Er war am Ende seines Lebens überzeugt: Darüber werden wir uns in alle Ewigkeit nicht verständigen können. So bleiben wir auf ewig geschieden.[66]

Das Konzil von Trient hat sich mit seiner Antwort offenkundig schwergetan.[67] Denn auf die Messopferdiskussion war man ähnlich wie in der Rechtfertigungslehre kaum vorbereitet. Das Dekret des Trienter Konzils *De missae sacrificio* (DH 1738–60) stellte zunächst fest: Jesus hat das Opfer am Kreuz einmal und ein für alle Mal dargebracht. Das ist die klare Aussage des Hebräerbriefs: *hapax kai ep'hapax,* einmal und ein für alle Mal (Hebr 7,24.27) (DH 1740). Das Kreuzesopfer wird im Messopfer nicht wiederholt, und es muss auch nicht ergänzt werden durch unser Opfer.

---

65 E. Iserloh, Art. Abendmahl III/2, in: TRE 1 (1977), 99–106; III/3, 122–131.

66 BSELK, 416.

67 H. Jedin, Geschichte des Konzils von Trient Bd. 3 [Anm. 55], 338–358; Bd. 4/1, Freiburg i. Br. 1975, 174–209.

Mysterium fidei

Dennoch sagt das Konzil in demselben Atemzug: Beim Letzten Abendmahl hat Christus seiner Braut der Kirche als Vermächtnis das Opfer hinterlassen, das er einmal am Kreuz dargebracht hat. Das wirft die Frage auf: Wie verhält sich dieses eine und einmalige Opfer am Kreuz zum Opfer in der Messe? Die wichtigste Aussage des Konzils lautet: Es ist dieselbe Opfergabe und derselbe Opferpriester am Kreuz und in der Eucharistie, nur die Art und Weise der Darbringung ist verschieden *(sola offerendi ratione diversa)*. Auf dem Altar des Kreuzes geschah das eine und selbe Opfer auf blutige Weise, auf dem Altar des Tisches dagegen unblutig unter sichtbaren Zeichen (DH 1743). Daraus folgt: Nicht der Priester am Alter opfert Christus auf, vielmehr opfert Christus sich selbst (Hebr 9,14.27). Das Tun des Priesters ist nicht *sacrificatio,* sondern *oblatio,* eine Darbringung des einen Opfers Christi.

Die Frage: Wie geschieht diese *oblatio?* Um diese Frage zu beantworten, gebraucht das Konzil drei Begriffe: *repraesentatio, memoria* und *applicatio*. Die drei Begriffe sind gut gewählt. Aber sobald man fragt, was die Väter von Trient damit gemeint haben, spürt man, dass sich das Konzil noch schwertat, und die nachtridentinische Theologie hat sich ebenfalls sehr schwergetan, den Opfercharakter der Messe mit ihren Messopfertheorien zu erläutern. Dank der Liturgischen Bewegung und der Weiterentwicklung der Theologie entdecken wir heute den vollen Sinn dieser Worte.[68]

Als *repraesentatio* ist die Messe die unblutige Darstellung des einmal dargebrachten blutigen Kreuzesopfers. Selbstverständlich ist Messe keine Darstellung wie die im Oberammergauer Passi-

---

68 Die Frucht dieser theologischen Weiterentwicklung ist inzwischen eingegangen in die amtliche Lehre der Kirche, in der Liturgiekonstitution des Zweiten Vatikanums *Sacrosanctum concilium* (1963), in die Enzyklika Johannes Pauls II., *Ecclesia de eucharistia* (2003) und in das Apostolische Schreiben Benedikts XVI., *Sacramentum caritatis* (2007).

Die Eucharistie als Mitte und Höhepunkt

onsspiel. Die Darstellung in der Messe geschieht unter sichtbaren Zeichen. Sie ist eine sakramentale, das heißt zeichenhafte Darstellung, bei der die Zeichen von Brot und Wein das sind und das vergegenwärtigen, was sie bedeuten. Diesen Aspekt hat uns die Theorie Odo Casels von Kultmysterium wieder erschlossen. In den Gestalten von Brot und Wein ist Christus in seiner Hingabe für uns real gegenwärtig.

Diese zeichenhaft symbolische sakramentale Gegenwart ist zugleich *memoria*, Gedächtnis.[69] So wie das erste Bundesvolk in der Paschafeier das Gedächtnis des Auszugs aus Ägypten und des Durchzugs durch das Rote Meer begeht, so begehen wir in der neuen Paschafeier die memoria des *transitus* Jesu aus dieser Welt zum Vater, in dem er uns vorausgegangen ist, um uns eine Wohnung beim Vater zu bereiten (Joh 14,26). Im Sinn der Anamnesis-Theologie der Bibel handelt es sich bei diesem Gedächtnis nicht um ein bloß subjektiv mentales Gedenken, vielmehr um ein objektiv gegenwärtig setzendes Gedächtnis. Die Worte, mit denen wir des Todes und der Auferstehung gedenken, haben nicht nur eine informative, sondern eine performative Bedeutung; sie sind ein wirksames Wort, das wirkt, was es sagt. Sie sind wirksam als Epiklese, als Anrufung des Heiligen Geistes, damit er das einmalige Heilsgeschehen des Kreuzes gegenwärtig macht. Sie sind wirkkräftige Proklamation. »Deinen Tod verkünden wir. Deine Auferstehung feiern wir, bis du kommst in Herrlichkeit.«

Damit ist die Feier der Eucharistie auch *applicatio*, Zuwendung der heilbringenden Frucht des einmaligen Kreuzesopfers. Das Konzil spricht ausdrücklich von der vergebenden Kraft der Eucharistie für unsere alltäglichen Sünden (DH 1638; 1655; 1740). Durch die Taufe sind wir ein für alle Mal in das Pascha-Mysterium Jesu Christi eingefügt (SC 6); in der Eucharistie feiern und erneuern wir diesen *transitus* vom alten zum neuen Menschen

---

69 Art. Anamnese, in: LThK[3] 1 (1993), 589–593; Art. Gedenken, in: LThK[3] 4 (1995), 338f.

und nehmen schon jetzt proleptisch teil an der himmlischen Liturgie. Wir nehmen unsere königlich-priesterliche Würde wahr, indem wir einstimmen in das ewige himmlische Dreimal-Heilig und in den himmlischen Lobpreis des Lammes. Das alles schenkt uns die Eucharistie, nicht weil sie ein Opfer der Kirche wäre, sondern weil sie die reale Vergegenwärtigung, das reale Gedächtnis und die wirkliche Zuwendung des einen Selbstopfers Jesu Christi ist, das durch den Dienst der Kirche gegenwärtig ist. Nur in diesem Sinn will Trient sagen, dass die Messe ein wahres und eigentliches Opfer ist (DH 1751), das nicht nur für die Lebenden, sondern auch für die Verstorbenen dargebracht werden kann (DH 1753).

Der Auftrag »Tut dies zu meinem Gedächtnis« (Lk 22,19; 1 Kor 11,24f.) ergeht an die Jünger, die das Letzte Mahl mit Jesus feierten. Das Trienter Konzil lehrte darum, dass Jesus beim Abendmahl seine Apostel ins priesterliche Amt eingesetzt hat (DH 1740; 1752). Das Wort Einsetzung *(institutio)* ist nicht im Sinn eines formal juridischen Akts zu verstehen, sondern in dem tieferen Sinn, dass das priesterliche Amt von seinem inneren Wesen her im Auftrag Christi zur Feier der Eucharistie begründet ist. Es geht bei diesem Auftrag nicht um weltliche Macht, sondern um die Vollmacht, im Namen Christi vollmächtig epikletisch zu sprechen und zu handeln. So im Namen Jesu zu sprechen: »Das ist mein Leib für euch«, Das ist mein Blut vergossen für viele«, kann nur, wer die Vollmacht hat, *in persona Christi* zu handeln und zu sprechen (SC 7; LG 10; 28; PO 2; 13).[70] Darum kann niemand den Dienst der Darbringung *(oblatio)* für sich beanspruchen, der nicht von Christus dazu bevollmächtigt ist. Dazu kann man nicht aufgrund einer Gemeindeordnung ermächtigt werden.

Nicht mit Macht, sondern in der Vollmacht Christ handeln und sprechen heißt auch, in der Art und Weise Christi zu handeln und so wie er den Sklavendienst der Fußwaschung zu leisten.

---

70 Cyprian, ep. 63,1; Thomas von Aquin, S. th. III q. 83 a. 1 ad 3.

Die Eucharistie als Mitte und Höhepunkt

»Ich habe euch ein Beispiel gegeben, damit auch ihr so handelt, wie ich an euch gehandelt habe« (Joh 13,15; vgl. Mk 10,43). So stehen beim Letzten Mahl Jesu Amtsbegründung und Amtskritik höchst ungemütlich nebeneinander. Aber gerade so führt kein Weg daran vorbei: Das sakramentale Verständnis der Eucharistie setzt *sine qua non* ein sakramentales Verständnis des Amtes als vollmächtiger Dienst am Aufbau der Gemeinde voraus.[71]

Das sakramentale Priestertum ist, in der Vollmacht und in der Art und Weise Jesu verstanden, Priestertum des Dienstes für die andern und schließt damit das gemeinsame Priestertum aller Christen nicht aus, sondern schließt vielmehr ein, dass in der Feier der Eucharistie die ganze feiernde Gemeinde ein Volk von Priestern und Königen ist (1 Petr 2,5.9; Offb 1,6; 5,10; 20,6). Sie ist ein priesterliches Volk und soll in *actuosa participatio,* das heißt in voller, bewusster und tätiger Teilnahme aller Mitfeiernden, begangen werden (SC 14; 27). Man darf diese Aussage nicht auf das äußere aktive Mitmachen und Mitgestalten reduzieren; gemeint ist vor allem das innere Mitgehen und das innere Dabeisein, das sich im gemeinsamen Beten, Sprechen, Singen und Antworten ausdrückt.

Die mitfeiernde Gemeinde ist ein königliches Volk Gottes, weil die Christen durch die Taufe frei und souverän gemacht wurden von der Macht der Sünde, so souverän, dass sie selbstvergessen über den eigenen Schatten springen und ganz für

---

71 Es ist klar, dass diese Frage einer ausführlicheren Erörterung bedarf, die in diesem Zusammenhang nicht möglich ist. Wenn das Zweite Vatikanum sagt, das gemeinsame Priestertum und das Priestertum des Dienstes seien dem Wesen nach unterschieden (LG 10), dann bedeutet das nicht, dass das Priestertum des Dienstes ein Mehr und ein Plus und eine Steigerung des gemeinsamen Priestertums ist, vielmehr, dass sie auf einer ganz verschiedenen Ebene liegen, das eine auf der Ebene der persönlichen Heiligung, das andere auf der des Dienstes zur Auferbauung der Kirche. Vgl. W. Kasper, Katholische Kirche. Wesen – Wirklichkeit – Sendung [Anm. 20], 343–346.

Christus und ganz für die anderen da sein können. Sie sollen selbst zur sie verzehrenden Opfergabe werden. Das ist der wahre Gottesdienst (Röm 12,1; vgl. Eph 5,1f.). So wie Jesus sein Leben hingegeben hat, so müssen auch wir unser Leben hingeben für die Brüder (1 Joh 3,16). Das priesterliche Tun geschieht in der Praxis des Alltags (Phil 4,18; Hebr 13,16). Gemeinsames Priestertum aller ist die umfassende Bezeichnung für die christliche Existenz (Röm 12,1f.; 1 Petr 2,4f.). Das ganze Leben des Christen soll ein priesterlicher Dienst sein.

Die Eucharistie geschieht durch Dienst der Kirche, aber sie ist kein Opfer der Kirche, und sie ist schon gar nicht eine Selbstinszenierung der Kirche oder gar des Zelebranten. Die Kirche feiert nicht sich selbst. Die Kirche feiert das Opfer Christi, und indem sie es feiert, ist sie Kirche. Der tiefste Sinn der Eucharistie ist die Vergegenwärtigung der Selbsthingabe Jesu an den Vater. In diesem Sinn ist die Feier der Eucharistie *cultus divinus*, danksagende, lobpreisende Gottesverehrung, Doxologie und Anbetung (SC 7; 33). Es wäre ein falsches Heutigwerden der Kirche, würden wir die Eucharistie auf die Befriedigung religiöser, ästhetischer, kultureller, sozialer und anderer Bedürfnisse reduzieren. Die Verehrung Gottes befreit uns vom Bann gesellschaftlicher Plausibilitäten und von unserer sündigen Versklavung an irdische Begierden. Die Ehre Gottes ist der lebendige Mensch.[72] Die Verehrung Gottes ist das Heil des Menschen.

3. Die Eucharistie als Mahl

Was wir als Opfer beschrieben haben, scheint eine Überforderung zu sein. Das kann keiner aus sich leisten. Wie ist das möglich? Die Antwort wird uns unter dem dritten Aspekt der Eucharistie gegeben: die Eucharistie als Sakrament der *communio*. Sie ist

---

72 Irenäus von Lyon, Adv. haer. IV, 19.

Die Eucharistie als Mitte und Höhepunkt

ein heiliges Zeichen, das wirkt, was es bedeutet, das zum Geschenk der Gnade wird. Das Brot wird wirksames Zeichen des Brotes des Lebens, der Wein wird zum Trank, der den tiefsten Durst unseres Lebens, den Durst nach ewigem Leben, stillt und uns vorwegnehmend etwas von der Freude des neuen Lebens schenkt.

Damit kehren wir ein weiteres Mal zu den Abendmahlsberichten zurück. »Nehmt und esst«! »Nehmt und trinkt alle davon!« Die eucharistische Rede Jesu in Kafarnaum endet mit der Aussage: »Ich bin das lebendige Brot, das vom Himmel herabgekommen ist. Wer von diesem Brot isst, wird in Ewigkeit leben. Das Brot, das ich geben werde, ist mein Fleisch, ich gebe es für das Leben der Welt.« »Wenn ihr das Fleisch des Menschensohnes nicht esst und sein Blut nicht trinkt, habt ihr das Leben nicht in euch. Wer mein Fleisch isst und mein Blut trinkt, hat das ewige Leben, und ich werde in auferwecken am Letzten Tag. Denn mein Fleisch ist wahrhaft eine Speise und mein Blut ist wahrhaft ein Trank. Wer mein Fleisch isst und mein Blut trinkt, der bleibt in mir und ich in ihm« (Joh 6,53–56; vgl. Gal 2,19f.).

Die Eucharistierede Jesu hat Anstoß, Ärgernis ausgelöst. Viele murrten und sind weggelaufen. Wer kann das anhören? Wer kann denn so etwas glauben? (Joh 6,6of.). Das Murren, das Weglaufen und Wegbleiben gibt es auch heute. Man sagt dann: Warum muss das so konkret sein? Kann ich das nicht auch privat mit Gott und mit Jesus abmachen? Genügt es nicht, das Wort Jesu zu hören und es sich im persönlichen Glauben und Leben zu eigen zu machen? Doch Gott hat nicht nur zu uns gesprochen, er ist durch die Menschwerdung leibhaftig unter uns erschienen und will sich uns leibhaft mit Fleisch und Blut schenken; er will, dass wir als leibhaftige Wesen diese seine Liebe leibhaftig schmecken und kosten können. So kommt der Glaube an Jesus Christus im gemeinsamen Mahl zu seiner vollen leibhaftigen Verwirklichung. Ähnlich drückt es das Gleichnis vom Weinstock und den Reben aus (Joh 15,1–17). Wir werden eingepflanzt in den einen Wein-

Mysterium fidei

stock, der Christus ist; nur wenn wir an ihm bleiben und er in uns, können wir Frucht bringen.

Das gemeinsame Essen und Trinken beim festlichen Mahl ist ein uraltes religiöses Symbol, das auch im Judentum mit Segens- und Dankgebeten verbunden war und ist. Das Neue Testament berichtet von Mahlgemeinschaften Jesu während seines irdischen Lebens. Sie waren so bedeutsam, dass sich auch die Erscheinungen des Auferstandenen bei Mählern ereigneten (Lk 24,30.36–43; Joh 20,19–23; 24–29; 21,12–14). Ähnlich begegnen wir im eucharistischen Mahl nicht dem toten, auch nicht dem fernen himmlischen Jesus Christus, sondern dem gegenwärtigen auferstandenen und verklärten Herrn, der noch in der Verklärung die Wundmale an seinen Händen und Füßen wie an seiner Seite trägt. Er kommt zu uns als der Herr, der sich für jeden Einzelnen von uns hingegeben hat und in der Kommunion ganz persönlich hingibt und dem wir uns in Liebe antwortend ganz übergeben sollen.[73]

Wir werden nicht nur individuell eins mit Christus, sondern auch untereinander vereint. Durch die Teilhabe an dem einen Leib Christi werden wir ein Leib. »Ist das Brot, das wir brechen, nicht Teilhabe am Leib Christi? Ein Brot ist es, darum sind wir viele ein Leib; denn wir alle haben teil an den einen Brot« (1 Kor 10,16–17). Sakrament der *koinonia,* der *communio,* des Anteilhabens an Jesus Christus und der Gemeinschaft untereinander. Augustinus bringt es auf den Punkt: Sakrament der Einheit und der Liebe.[74] Ja, er wird noch deutlicher: »Wenn ihr also Leib Christi und seine Glieder seid, dann liegt auf dem eucharisti-

---

73 B. Forte, Die Eucharistie als Begegnung mit dem Auferstandenen, in: G. Augustin (Hg.), Eucharistie verstehen – leben – feiern [Anm. 11], 54–66. Als Gebetshilfe bei der Kommunion können die unten erwähnten eucharistischen Hymnen oder das von Ignatius von Loyola hochgeschätzte Gebet »Seele Christi, heilige mich, Leib Christi, erlöse mich« dienlich sein.

74 Augustinus, In Jo XXVI, 6, 13. Zit. DS 802; 1635, UR 47.

Die Eucharistie als Mitte und Höhepunkt

schen Tisch euer Geheimnis ... Ihr sollt sein, was ihr seht, und empfangen, was ihr seid.«[75]

Der Zusammenhang von persönlicher Kommunion und *communio* in der Kirche und mit der Kirche, der irdischen Kirche wie der himmlischen Kirche, ging im zweiten Abendmahlsstreit verloren. Im Zusammenhang der liturgischen Neubesinnung im 20. Jahrhundert wurde die Zusammengehörigkeit von Eucharistie und Kirche wiederentdeckt.[76] Das Einssein mit der Kirche am Ort wie mit der universalen Kirche kann Anlass sein, uns die Anliegen und Nöte der Kirche, besonders der verfolgten und der armen Kirchen wie das Anliegen der größeren ökumenischen Einheit der Kirche, zu eigen zu machen. Die Kommunion verbindet uns auch mit unseren verstorbenen Angehörigen, die von uns gegangen und ins Reich Gottes abberufen worden sind. Die Kommunion macht uns bewusst, dass wir als Christen nie allein sind, sondern Glieder einer großen weltweiten Gemeinschaft von Brüdern und Schwestern. So weitet die innige persönliche Teilnahme am Mysterium Christi durch die eucharistische Kommunion unseren Blick und führt uns hinaus ins Weite.

Wenn man vom Mahlcharakter der Eucharistie spricht, darf man nicht vergessen, dass das Letzte Mahl Jesu nicht eine gewöhnliche Sättigungsmahlzeit war, sondern ein rituelles Mahl mit Gebeten und Lobgesängen. Auch die Eucharistie ist kein bloßes äußeres Mahl, kein Bankett und keine Gemeindeparty. Das Essen des eucharistischen Brotes ist der Empfang des Leibes Christi, der für uns dahingegeben wurde und der sich im Empfang uns dahingibt und schenkt. Deshalb müssen auch persönliches Gebet, Anbetung und Lobpreis und Dank bei der Feier der Eucharistie ihren Platz haben.

Der Apostel Paulus drückt sich unmissverständlich aus: »Jeder prüfe sich selbst, erst dann soll er von dem Brot essen und aus

---

75 Augustinus, sermo 272.
76 H. de Lubac, Corpus mysticum [Anm. 31].

dem Kelch trinken. Denn wer davon isst oder trinkt, ohne zu bedenken, dass es der Leib des Herrn ist, der zieht sich das Gericht zu, indem er isst und trinkt« (1 Kor 11,28). Das heißt: Vor der Kommunion ist Gewissenserforschung angesagt. Jeder muss sich, bevor er zur Kommunion geht, fragen: Glaube ich wirklich, was da geschieht, und glaube ich es nicht nur mit dem Kopf, sondern mit dem Leben? Passt die Kommunion zu meinem Leben, oder müsste ich nicht eigentlich erst mein Leben ändern? Darum beginnen wir jede Eucharistiefeier mit einem Bußakt und mit der Bitte um Sündenvergebung. Niemand ist würdig, und niemand ist gar hochwürdig. Darum sagen wir: »Herr, ich bin nicht würdig, aber sprich nur ein Wort, so wird meine Seele gesund.« Das bedeutet nicht, dass man skrupulös und ängstlich sein muss. Wir begegnen in der Kommunion dem Herrn, der um unserer Sünden willen gestorben ist. Die Begegnung mit dem Herrn tilgt unsere alltäglichen Schwachheiten und Sünden (DH 1638; 1655).

Die Zusammengehörigkeit von Glauben und Kommunion wird deutlich, wenn der Priester bei der Austeilung sagt: »Leib Christi«, und der Kommunikant soll antworten: »Amen«, das heißt: »Ja, das glaube ich.« »Ja, das glaube ich« heißt nicht nur: Ja, ich kenne die entsprechenden Katechismussätze. Der Glaube ist mehr als ein Fürwahrhalten von Glaubensformeln. Er muss lebendiger und gelebter Glaube sein. Dem trägt die Liturgie in den Postcommunio-Gebeten (meist Schlussgebet genannt) Rechnung, wenn sie um den fruchtbaren Empfang bittet sowie darum, dass die Kommunion uns an Leib und Seele gesund macht, uns von unseren Schwächen heilt und uns heiligt, also unser ganzes Leben durchdringt, uns stärkt, tröstet und ermutigt und uns hilft, die Liebe, die wir empfangen haben, auszustrahlen. Man kann nicht zur Kommunion gehen und danach vor der Kirchentür über andere lästern oder am anderen Tag Geschäftspartner übers Ohr hauen. Man kann nicht das eucharistische Brot teilen, ohne auch

Die Eucharistie als Mitte und Höhepunkt

das tägliche Brot zu teilen und sich für gerechte Brotverteilung einzusetzen.

Die theologische Tradition hat zwischen der *manducatio oralis*, dem Empfang der Kommunion mit dem Mund, und der *manducatio spiritualis*, der geistlichen Kommunion mit dem Herzen, unterschieden.[77] Die bloße Kommunion mit dem Mund nützt nichts; sie ist unwürdig und unfruchtbar. »Jeder soll sich selbst prüfen; erst dann soll er von dem Brot essen und aus dem Kelch trinken. Denn wer davon isst und trinkt, ohne den Leib zu unterscheiden, der zieht sich das Gericht zu, indem er isst und trinkt« (1 Kor 11,29). Das gilt auch von der Kommunion als sozialem Zeichen der Dazugehörigkeit. Allein im Glauben kann man wirklich kommunizieren und eins sein mit Jesus Christus. Das allein ist ein würdiger Empfang und eine würdige und fruchtbare Kommunion (DH 1648).

Daneben kennt die Tradition noch die Kommunion *in voto*, dem Verlangen nach, wenn die sakramentale Kommunion wegen Krankheit, extremer Diasporasituation, Gefangenschaft, Situationen der Verfolgung oder anderen Gründen nicht möglich ist. Dann gilt das Wort Augustins: *crede et manducasti*, »glaube und dann hast du gegessen«.[78] In der Neuzeit hat sich daraus eine eigene Frömmigkeitspraxis der geistlichen Kommunion herausgebildet, die eucharistische Kommunion im Glauben erinnernd und verinnerlichend zu vergegenwärtigen, um die Gemeinschaft und Freundschaft mit Christus während des Tages gleichsam auszukosten (Teresa von Ávila, Alfons von Liguori, Franz von Sales, Don Bosco und andere).

---

77 J. Auer, Geistige Kommunion, Sinn und Praxis der communio spiritualis und ihre Bedeutung für unsere Zeit, in: GuL 24 (1951) 113–132; R. Schnackenburg, »Geistliche Kommunion, in: GuL 25 (1952) 407–411; H. R. Schlette, Theologische Deutung der geistlichen Kommunion (QD 8), Freiburg i. Br. 1959.

78 Augustinus, In Ioan. 25, 12.

Mysterium fidei

Das Zweite Vatikanische Konzil hat uns mit der Liturgiekonstitution und mit der liturgischen Erneuerung bereichert und zu Recht zur häufigen Kommunion eingeladen; aber es hat versäumt, die geistliche Kommunion, von der das Trienter Konzil noch gesprochen hat (DH 1648), und damit die geistlichen Voraussetzungen der Kommunion zu nennen.[79] Erst Johannes Paul II. und Benedikt XVI. haben die geistliche Kommunion wieder erwähnt.[80] Die Nichtbeachtung der inneren Zusammengehörigkeit von gelebtem Glauben und Eucharistie kann zu einer gewohnheitsmäßigen Kommunionpraxis führen, bei der fast eine Art Sozialzwang entsteht, bankweise vorzutreten. Viele Arten und Weisen der Kommunion hätte in der Alten Kirche als sakrilegisch gegolten.

Das führt uns abschließend zu einem grundsätzlichen Problem: Alle Sakramente sind Sakramente des Glaubens. *Sacramenta protestantia fidem* (Sakramente, die den Glauben bezeugen) sagt Thomas von Aquin.[81] Deshalb setzt die Sakramentsfeier und der Sakramentsempfang die Evangelisierung, die Verkündigung der Botschaft von Jesus Christus voraus. Auch bei der Feier der Sakramente, besonders bei der Eucharistie, gehören Wort und Sakrament engstens zusammen und bilden eine Einheit wie Leib und Seele. Das gilt für die Einheit von Wortgottesdienst (Lesungen, Evangelium, Homilie) und Sakramentsgottesdienst im engeren Sinn sowie für den Sakramentsgottesdienst selbst. Der zeichenhafte sakramentale Ritus ist nicht ohne das deutende, epikletische und konsekratorische Wortgeschehen. Es beschränkt

---

79 Der *Catechismus Romanus*, c. 53 unterscheidet im Abschluss an das Trienter Konzil drei Arten der Kommunion: die Kommunion nur mit dem Mund, die geistige Kommunion im Sinn des Verlangens nach der Kommunion und schließlich die Kommunion im Sakrament und im Geist, die würdige und geistlich fruchtbare Kommunion.

80 Johannes Paul II., Enzyklika *Ecclesia de eucharistia* (2003), 34; Benedikt XVI., Apostolisches Schreiben *Sacramentum caritatis* (2007), 55.

81 Thomas von Aquin, S. th. III q. 61 a. 4; vgl. q. 60 a. 6–8.

sich nicht auf die Einsetzung- bzw. Konsekrationsworte, sondern umfasst das gesamte eucharistische Hochgebet. Darum kann man nicht zur vollen Teilnahme an der Eucharistie einladen, ohne zuvor zu evangelisieren. Die Evangelisierung ist die Erst- und die Grundaufgabe der Kirche, die Feier der Eucharistie ist der Höhepunkt.

4. Eucharistische Verehrung

Wie alle Zusagen Gottes so ist auch die Gegenwart Christi in den eucharistischen Gestalten endgültig. So dauert die Gegenwart des erhöhten Herrn in seiner liebenden Hingabe für uns nach der Feier der Eucharistie fort (DH 1639–41); sie dauert fort in ihrer Ausrichtung auf die Kommunion (DH 1643). So wurden die bei der eucharistischen Feier übrig gebliebenen eucharistischen Gaben anfänglich für die Krankenkommunion aufbewahrt. Die Kranken, die bei der Eucharistiefeier nicht anwesend sein konnten, sollten durch die Krankenkommunion in die Feier der ganzen Gemeinde einbezogen werden. Später haben sich aufgrund des gläubigen Bewusstseins der bleibenden Gegenwart eigene Frömmigkeitsformen entwickelt, vor allem die eucharistische Anbetung, eucharistische Prozessionen und der eucharistische Segen. Im 13. Jahrhundert wurde die Einführung des Fronleichnamsfestes wichtig, das vor allem in der Barockzeit zu einem Fest ausgestaltet wurde, in dem sich nach der Reformation neues katholisches Selbstbewusstsein zeigte.

Alle diese Frömmigkeitsformen haben sich aus der Feier der Eucharistie heraus entwickelt und müssen aus dem Zusammenhang der Eucharistiefeier und als deren Ausweitung verstanden werden. Sie wollen das persönliche Gebet und die Anbetung während der Feier der Eucharistie sozusagen verlängern, verinnerlichen und intensivieren. In diesem Sinn sind die eucharistischen Frömmigkeitsformen nach der liturgischen Erneuerung des Zweiten Vatikanischen Konzils neu in ihrer Bedeutung entdeckt worden.[82] In der Verkündigung und in der Pastoral ist freilich darauf zu achten, dass sich diese Frömmigkeitsformen nicht wie im späten Mittelalter verselbstständigen, sondern von ihrem Ursprung in der Eucharistiefeier her verstanden, praktiziert und fruchtbar gemacht werden.

Als bleibende geistliche Frucht dieser eucharistischen Frömmigkeitsformen sind uns die bekannten eucharistischen Hymnen geschenkt worden: *Pange, lingua, gloriosi corporis mysterium* (Gotteslob 493f.), *Adoro te devote* (Gotteslob 497), *Lauda Sion Salvatorem* (Gotteslob 878), *Ave verum corpus* (Gotteslob 877). Sie sollten bleibend zum Gebets- und Liedschatz der Kirche und der Gemeinden gehören. Sie eignen sich zudem als Grundlage für die persönliche Meditation über das Geheimnis der Eucharistie. Ohne meditative Verinnerlichung verkommt die Feier der Eucharistie zu einem – dann zu Recht kritisierten – seelenlosen äußeren Kult, der mehr einem steifen feierlichen Staatsakt gleicht als einem liturgischen Geschehen in Freude und in Einfalt des Herzens (Apg 2,46).

VI. Ökumenische Fragen

Die Eucharistie als Sakrament der Einheit und Band der Liebe ist paradoxerweise in der Geschichte der Kirche immer wieder neu zum Gegenstand erbitterten Streits und der Spaltung geworden. Die heutigen Auseinandersetzungen um die Eucharistie und um Eucharistiegemeinschaft sind nichts Neues; es hat sie in der Kirchengeschichte von Anfang an immer wieder gegeben. Schon Paulus musste im 1. Korintherbrief um die rechte Ordnung bei der Eucharistiefeier Sorge tragen und darauf dringen, die Eucha-

---

82 Benedikt XVI., Apostolisches Schreiben *Sacramentum caritatis* [Anm. 80], 66.

Die Eucharistie als Mitte und Höhepunkt

ristie vom Götzenopfermahl (1 Kor 10,14 – 11,1) zu unterscheiden und Eucharistie und Agape zu trennen (11,17–22). Schon bald ging es dann in der alten Kirche in den Bußstreitigkeiten um die Frage, wer Zutritt zur Eucharistie hat und wer ausgeschlossen ist.

Als in der späten Antike die Bande zwischen Ost und West lockerer wurden und beide Teile der Christenheit sich zunehmend entfremdeten und die Liebe erlahmte, kam es zu Auseinandersetzungen um Einzelheiten des Ritus, wie die Frage des gesäuerten oder ungesäuerten Brots. Im 11. Jahrhundert ist die Gemeinschaft nicht aufgekündigt worden, sondern zum Erliegen gekommen.[83] Durch den vierten Kreuzzug mit der Eroberung Konstantinopels und der dabei begangenen Gräueltaten (1204) wurde das Verhältnis über Jahrhunderte vergiftet und die Entfremdung vertieft.

Die grundlegende Annäherung erfolgte durch die Begegnung von Papst Paul VI. und dem Ökumenischen Patriarchen Athenagoras am 5./6. Januar 1963 in Jerusalem und der Aufhebung des Gedächtnisses der Anatheme von 1054 bei der letzten Sitzung des Zweiten Vatikanischen Konzils durch gleichzeitige Erklärungen in Rom und in Konstantinopel (7. Dezember 1965).[84] Bereits in der ersten Runde der theologischen Gespräche kam es zu einer grundsätzlichen Einigung über das gemeinsame Verständnis der Eucharistie (1982).[85] Sie blieb leider ohne konkrete Folgen für die Eucharistie- und Kirchengemeinschaft, vor allem wegen des Dissenses über die Stellung des Bischofs von Rom und seines Vorsit-

---

83 Y. Congar, Zerrissene Christenheit. Wo trennten sich Ost und West? Wien-München 1959.

84 TOMOS AGAPHS. Vatican-Phanar (1958–1970), Rom-Istanbul 1971, 109–121; 278–295.

85 Das Geheimnis der Kirche und der Eucharistie im Licht des Geheimnisses der Heiligen Dreifaltigkeit (1982), in: DwÜ 2, 531–534. Vgl. Orthodoxie im Dialog. Bilaterale Dialoge der orthodoxen und der orientalisch-orthodoxen Kirchen 1945–1997, hg. von J. Oeldemann und D. Stoltmann, Trier 1999.

zes im Bund der Liebe, was bedeutet: seines Vorsitzes in der eucharistischen Gemeinschaft der universalen Kirche.[86] Zu einem ersten Durchbruch in dieser Frage kam es durch die Erklärungen von Ravenna (2007) und von Chieti (2016). Der Weg zu einem Konsens über die unterschiedlichen Entwicklungen im zweiten Jahrtausend, besonders über die Primatslehre des Ersten Vatikanischen Konzils, ist noch nicht abgeschlossen. Vielleicht müsste man nochmals auf die hellsichtige Aussage von Joseph Ratzinger zurückkommen, die katholische Kirche müsse von den orthodoxen Kirchen nicht mehr an Primatslehre fordern, als auch im ersten Jahrtausend formuliert und gelebt wurde.[87]

In der lateinischen Kirche des Westens kam es nach den frühmittelalterlichen Auseinandersetzungen im ersten und zweiten Abendmahlsstreit im Hochmittelalter zu Auseinandersetzungen mit den Waldensern und Albigensern, im Spätmittelalter mit Johannes Wyclif und Jan Hus. Zum großen und bis heute weiterwirkenden Konflikt kam es im 16. Jahrhundert mit Martin Luther, Huldrych Zwingli und Johannes Calvin.

Luther hat schon in *De captivitate Babylonica* der Kirche (1520)[88] und bis zum Schluss seines Lebens in den *Schmalkaldischen Artikeln* (1537)[89], ausgehend von seiner Rechtfertigungslehre, den Opfercharakter der Eucharistie mit aller Schärfe als Götzendienst zurückgewiesen. Die wahre und wirkliche Gegenwart Christi im Abendmahl dagegen hat er im Marburger Gespräch mit Zwingli (1529) entschieden festgehalten.[90] Er forderte die Kommunion unter beiden Gestalten, die heute im Prinzip kein Problem mehr ist, lehnte aber den Begriff Transsubstantiation als philosophi-

---

86 Ignatius von Antiochien, ad Rom., praescript.
87 J. Ratzinger, Prognosen für die Zukunft des Ökumenismus (1976), in: JRGS 8/2 (2010), 724.
88 WA 6, 512–526.
89 BSELK 416f.
90 Martin Luther, Vom Abendmahl Christi. Ein Bekenntnis (1528), WA 26, 276ff.

sche Spekulation ab und sprach im Sinn von Ockham lieber von Konsubstantiation. Die klassische lutherische Formel lautet: Gegenwart »in, mit und unter« Brot und Wein.[91] Calvin sprach von einer durch den Heiligen Geist vermittelten Gegenwart. Christus ist im Himmel, gegenwärtig ist er im Abendmahl im Heiligen Geist.[92] Diese Lehre wurde von der lutherischen Konkordienformel zurückgewiesen.[93] Dadurch kam es zu einer innerreformatorischen Spaltung, die bis ins letzte Drittel des 20. Jahrhunderts dauerte und erst durch die Leuenberger Erklärung (1973) mit der Kompromissformel überwunden werden konnte: »Im Abendmahl schenkt sich der auferstandene Christus in seinem ein für alle Mal dahingegebenen Leib und Blut durch sein verheißendes Wort mit Brot und Wein.«[94]

Die zahlreichen Dialoge, welche in den USA, in Deutschland sowie auf internationaler Ebene geführt wurden, haben viele Missverständnisse und Vorurteile ausgeräumt und in einzelnen Fragen bedeutende inhaltliche Annäherungen erbracht.[95] Alle Kirchen bekennen sich dazu, dass der Eucharistie/dem Abend-

---

91 BSELK 983.
92 Johannes Calvin, Unterricht in der christlichen Religion. *Institutio christianae religionis*, IV, 17, 4ff.
93 BSELK 975f.
94 Die Konkordie Europäischer Kirchen in Europa. Leuenberger Konkordie 1973, 18, in: DwÜ 3, 727. Vgl. E. Schieffer, Von Schauenburg nach Leuenberg. Entstehung und Bedeutung der Konkordie reformatorischer Kirchen in Europa (KKTS 48), Paderborn 1983.
95 Es ist nicht möglich, in diesem Zusammenhang einen auch nur annähernd vollständigen Überblick zu geben. Vgl. vor allem: Das Herrenmahl (1978); Konvergenzerklärung von Lima über Taufe, Eucharistie und Amt (1982); Lehrverurteilungen kirchentrennend? Hg. von K. Lehmann/W. Pannenberg, Freiburg i. Br. 1986; Wachsende Gemeinschaft. Erklärung über Kirche, Eucharistie und Amt. Bericht der Lutherisch-Katholischen Dialog-Kommission für Finnland, 2018. Zusammenfassend: W. Kasper, Die Früchte ernten. Grundlagen christlichen Glaubens im ökumenischen Dialog (2009), Paderborn 2011. Eine vollständige Sammlung

mahl zentrale Bedeutung im Leben der Kirche zukommt. Die unterschiedlichen Begrifflichkeiten haben heute ihren kirchentrennenden Charakter verloren. In der Kompromissformel von Leuenberg konnten sich die evangelischen Kirchen jedoch nur auf die Gegenwart »mit Brot und Wein« verständigen. Sie lässt die für das katholische Verständnis der Realpräsenz entscheidende Fragen leider offen, wenn sie diese nicht gar ausschließt. Auch die Kontroverse über den Opfercharakter der Messe ist durch die Memoria-Idee wesentlich entschärft, wenngleich noch nicht voll gelöst.[96] Notwendig wäre vor allem ein solider Fundamentalkonsens über das sakramentale Kirchen- und Amtsverständnis, ohne welches das sakramentale Eucharistieverständnis gleichsam in der Luft hängt.

Bedauerlich ist, dass die kirchliche Rezeption der Dialogergebnisse weithin aussteht. Das hat sich erneut gezeigt bei dem Dokument des Ökumenischen Arbeitskreises »Gemeinsam am Tisch des Herrn« (2020).[97] Das Dokument zeigt beachtliche theologische Verständigungsmöglichkeiten, die aufgegriffen werden sollten. Als akademisch-theologisches Dokument ist es jedoch noch nicht genügend kirchlich »geerdet«. Es zeigt in wichtigen Fragen nicht hinreichend den Zusammenhang auf mit den lehrmäßigen Positionen der Kirchen und den Dialogergebnissen und deren unterschiedlicher Rezeption.

Ein weiteres Problem ist, dass die lehrmäßigen Positionen auch innerhalb der evangelischen Kirchen selbst oft recht unterschiedlich sind; sie reichen von hochkirchlichen Positionen, die

---

aller Dokumente interkonfessioneller Gespräche auf Weltebene in: DwÜ, Bd. 1–4, Paderborn-Frankfurt-Leipzig 1983–2012.

96 K. Lehmann/E. Schlink, Das Opfer Christi und seine Gegenwart in der Kirche. Klärungen zum Opfercharakter des Herrenmahls (Dialog der Kirchen 3), Freiburg i. Br.-Göttingen 1983.

97 Gemeinsam am Tisch des Herrn. Ein Votum des ökumenischen Arbeitskreises evangelischer und katholischer Theologen, hg. von V. Leppin/D. Sattler, Freiburg i. Br.-Göttingen 2020.

Die Eucharistie als Mitte und Höhepunkt

mit der katholischen Lehre sachlich weithin kompatibel sind, bis hin zu einer rein symbolischen Deutung des Abendmahls, welche der Position Zwinglis nahekommt. Ähnliche Unterschiede bestehen in der anglikanischen Gemeinschaft. In beiden Fällen haben die Unterschiede im Amtsverständnis, wie sie bei der Frauenordination deutlich zutage traten, die Frage der Eucharistiegemeinschaft nicht erleichtert, sondern nochmals erschwert.

Das Grundproblem ist das unterschiedliche Kirchenverständnis und das Verhältnis von Eucharistie/Abendmahl und Kirche. Es ist die Kirche, welche die Eucharistie feiert und die von der Eucharistie lebt. Kirchen- und Eucharistiegemeinschaft gehören darum nach dem altkirchlichen wie nach dem gemeinsamen ost- und westkirchlichen Verständnis, das auch im Altprotestantismus selbstverständliche Gültigkeit hatte, zusammen.[98] In der eucharistischen Kommunion wird der einzelne Christ nicht nur in die persönliche individuelle Gemeinschaft mit Jesus Christus hineingenommen, die eucharistische *communio* mit Christus ist immer auch *communio* mit und in der Kirche. Man geht darum in der Kirche zur Kommunion, zu deren *communio* man gehört und deren Kirchen- und Eucharistieverständnis man im Glauben teilt.

Die ökumenischen Annäherungen sowie die Auflösung geschlossener konfessioneller Milieus und die dadurch mitbedingte Zunahme der Zahl konfessionsverschiedener Ehen und Familien haben in der Praxis des Lebens die Einsichtigkeit des Prinzips der Zusammengehörigkeit von Eucharistie- und Kirchengemeinschaft erschwert und bei vielen Christen zu einer anders gearteten Praxis geführt.

---

98 Das hat aus lutherischer Sicht W. Elert, Abendmahl und Kirchengemeinschaft in der Alten Kirche hauptsächlich des Ostens, Berlin 1954, klar herausgestellt. Die Tatsache, dass evangelische Kirche heute grundsätzlich alle Christen, manchmal sogar Nichtgetaufte, die das Verlangen teilzunehmen haben, zum Abendmahl einladen, stellt demnach auch aus evangelischer Sicht eine Abweichung von ihrer ursprünglichen Position dar.

Mysterium fidei

Das Zweite Vatikanum hat dieser neuen Situation im Dekret über den Ökumenismus in gewisser Weise Rechnung getragen. Es hat festgestellt, dass die Gemeinschaft beim Gottesdienst *(communio in sacris)* nicht als ein allgemein und ohne Unterscheidung gültiges Mittel zur Wiederherstellung der Einheit angesehen werden kann. Das Konzil hat zwei Prinzipien aufgestellt: »Die Bezeugung der Einheit der Kirche verbietet in den meisten Fällen die Gottesdienstgemeinschaft, die Sorge um die Gnade empfiehlt sie indessen in manchen Fällen. Wie man sich hier konkret zu verhalten hat, soll unter Berücksichtigung aller Umstände der Zeit, des Ortes und der Personen die örtliche bischöfliche Autorität in klugem Ermessen entscheiden« (UR 8). Der universalkirchliche Gesetzgeber hat hier in CIC can. 844 die Möglichkeiten der konkreten Umsetzung dieser Klugheitsregel sehr eingegrenzt. Angesichts der bestehenden großen Unterschiede der ökumenischen Situationen vor Ort sollte den Ortskirchen ein breiterer Spielraum eingeräumt werden.

Von der persönlichen Gewissensentscheidung ist im Ökumenismusdekret nicht die Rede. Es ist jedoch selbstverständlich, dass sich die Kirche nicht an die Stelle des persönlichen Gewissens setzen kann. Aufgrund des Gesagten ist aber einsichtig, dass eine solche Gewissensentscheidung nur nach sorgfältiger Unterscheidung der Geister und gewissenhafter Abwägung aller genannter Gesichtspunkte gefällt werden kann. Sie ist eine zu respektierende persönliche Entscheidung in einer konkreten Situation; würde sie verallgemeinert und an die Stelle des allgemeinen Prinzips treten, würde sich die kirchliche Dimension der Eucharistie in einem individualistischen Christsein auflösen, bei dem alles auseinanderfällt und die liturgische Erneuerung um eine ihrer wesentlichen Früchte gebracht würde, nämlich die Einsicht in die Zusammengehörigkeit von eucharistischem und ekklesialem Leib des Herrn. Um die katholische Identität wäre es dann geschehen.

VII. Schlussüberlegungen

Die Liturgische Bewegung war im Kontext einer kulturellen Neubesinnung nach dem Ende des bürgerlichen Zeitalters in der Katastrophe des Ersten Weltkriegs ein Durchgang des Heiligen Geistes durch die Kirche, um das kirchliche Leben aus dem Geist der Liturgie, besonders der Eucharistie, der Mitte des christlichen Glaubens und Lebens, zu erneuern. Man entdeckte: Die Liturgie ist nicht etwas von uns – weder von Einzelnen noch von einer Gemeinde – Gemachtes und ad hoc Gestaltetes, sie ist mitten im Leben und mitten in der Zeit die Feier der Gegenwart des vor aller Zeit feststehenden Mysteriums Gottes, der am Ende alles in allem sein wird und alle Wirklichkeit einen und versöhnen wird. So feiern wir im Heiligen Geist das Pascha-Mysterium Christi, den *transitus* vom Tod zum Leben, aus der Finsternis ins Licht, den Sieg der Gerechtigkeit über himmelschreiendes Unrecht, der Liebe über Hass und Gewalt. Danksagend begehen wir als Volk Gottes jedes Mal im Heiligen Geist das ein für alle Mal geschehene Heilswerk Jesu Christ und bitten, dass es in uns, unter uns und durch uns fruchtbar wird für das Leben der Welt.

Der Neuanfang wurde durch zwei totalitäre Systeme und die Katastrophe des Zweiten Weltkriegs gewaltsam unterbrochen. Der Wiederaufbau endete in einem der Liturgie des Geheimnisses des Glaubens zunehmend entfremdeten säkularen Zeitalter.[99] Die gegenwärtige Umwelt- und Klimakrise zusammen mit der uns überraschenden Pandemie haben uns die Grenzen menschlicher Hybris gezeigt und laden zu einer neuen Besinnung ein auf das von uns Menschen nicht machbare Heil und zu unserer Mitwirkung zur Heilung der Welt durch einen ehrfürchtigen Umgang mit der Natur und die Geschwisterlichkeit aller Menschen. In dieser neuen Situation hat die durch die Liturgische Bewegung

---

99 C. Taylor, A Secular Age, Cambridge 2007; dt. Ein säkulares Zeitalter, Berlin 2009.

angestoßene liturgische Erneuerung und Reform des Zweiten Vatikanischen Konzils ihre Zukunft noch längst nicht hinter sich, sondern, wie wir hoffen, erst noch vor sich, um das christliche und humane Erbe, das die Liturgie in sich verwahrt, an eine neu anbrechende Zeit weiterzugeben in dem Bewusstsein, dass Kult und Kultur in der gesamten Menschheitsgeschichte zusammengehören.[100]

Das Christusgeheimnis, das wir in der Eucharistie feiern, ist gleichsam als Hieroglyphe in die Schöpfungsordnung des Kosmos und in die Geschichte der Menschheit eingeschrieben. So greift die Liturgie, wenn sie Jesus Christus als Hohenpriester nach der Ordnung des heidnischen Hohepriesters Melchisedek feiert (Gen 14,18–20; Ps 110,4; Hebr 5,6.10), weit hinaus den Raum der Religionsgeschichte der Menschheit, sie zehrt von den jüdischen Pascha- und Sabbat-Ritualen und Hoffnungen und verwahrt 2000 Jahre liturgische wie kulturelle Tradition unserer eigenen Geschichte, die sie in der Liturgischen Bewegung, etwa in der Erneuerung der Epiklese durch Elemente ostkirchlicher Tradition, angereichert hat und die heute in den vielfältigen Kulturen der Welt neu heimisch werden muss. Die Eucharistie ist damit letztlich das *vinculum substantiale*, das alles zusammenhaltende und alles verbindende Band, über das kein Geringerer als Gottfried Wilhelm Leibniz (1646–1716) im Briefwechsel mit dem Jesuiten Bartholomäus des Bosses nachgedacht hat.[101]

Wir feiern Eucharistie mitten unter verheerenden Naturkatastrophen, brutalen kriegerischen Konflikten und unerträglicher weltweiter sozialer Ungerechtigkeit in lebendiger Hoffnung auf

---

100 Ich verweise nochmals auf das Postskriptum von J. Habermas, Auch eine Geschichte der Philosophie Bd. 2 [Anm. 62], 767–807.

101 Vgl. P. Henrici, Maurice Blondel: Von einer Philosophie des menschlichen Tuns zur Frage nach dem Lebenssinn und zurück zur Philosophie, in: P. Reifenberg (Hg.), Maurice Blondel: L'Action – Die Tat. Eine Phänomenologie der Liebe, Würzburg 2020, 33f.

Die Eucharistie als Mitte und Höhepunkt

die eschatologische Vollendung des mit Jesus Christus angebrochenen Friedens auf Erden und der Versöhnung der Welt. In dieser Welt Liturgie zu feiern verpflichtet, als Menschen der Hoffnung und als Zeugen des neuen Lebens uns allen Arten von Unrecht, Lüge, Hass und Gewalt, allen Formen von Diskriminierung, Rassismus, egoistischer nationaler Abschottung und aller Unterdrückung der Freiheit nach besten Kräften zu widersetzen und uns für den Aufbau einer gerechten Ordnung des Friedens und der Freiheit einzusetzen.

Das sollte bei aller berechtigten Kritik an Missbrauch und Klerikalismus, die es leider gegeben hat und die es gibt, davor bewahren, nun das Kinde mit dem Bad auszuschütten und das reiche Erbe der Liturgie um das Linsenmus selbstgebastelter Liturgien zu verschleudern. Nicht Entsakralisierung ist die rechte Antwort auf den Missbrauch, sondern die Neuentdeckung des Geheimnisses des Heiligen in allen Dingen der Schöpfung und der unantastbaren Würde jedes Menschen, vor allem der Schwächsten unter den Schwachen.

Wie die ersten Christen sollen wir die Eucharistie in Freude und Einfalt des Herzens feiern (Apg 2,46). In Einfalt des Herzens, nicht mit äußerem Pomp und dennoch in festlicher österlicher Freude, die alle menschlichen Möglichkeiten der Kunst und der Musik, der Farben, Blumen, Riten und Gesten ausschöpft. Wir feiern kein Requiem für den toten Jesus im Grab, wir feiern seine glorreiche Auferstehung und Erhöhung, bis er kommt in Herrlichkeit. Die Feier dieses Geheimnisses unseres Glaubens ist immer dann gut, wenn Menschen nicht niedergedrückt oder gar verärgert, nicht innerlich leer, sondern innerlich froh und gelassen, getröstet, ermutigt und ermuntert in den Alltag zurückkehren. Wenn sie wie Petrus am Ende der Eucharistierede Jesu sagen: Du hast Worte ewigen Lebens (Joh 6,68). Du gibst uns Brot des Lebens (Joh 6,35). Wohin sollen wir sonst gehen? Wer hat uns Besseres, wer Größeres und wer Schöneres zu sagen?

Bibelstellenregister

Genesis
1,27   43
2,7   86
3,4–5   113
14,18–20   160

Exodus
12–13   123
24,8   122

Deuteronomium
16,1–8   123

1 Samuel
15,22   135

2 Samuel
2 Sam 7,12–16   86

Ijob
28,12–13   112
28,23–27   112

Psalmen
40,7–9   137
50,23   136
51,18–19   136
110,4   160

Sprichwörter
8,22–31   112

Weisheit
6,22   112
9,9   112
11,21   112
13,1–9   112

Jesaja
1,10–16   135
11,2   86
40,1   113
40,9   113
40,10   113
43,18   113
45,15   113
52,7   113
53,4   122, 124
53,5   122
53,7   124
53,12   124

Jeremia
7,7–11   135
31,31   122
32,40   122

Ezechiel
11,19   89
18,31   89
36,27   89

Daniel
2,18–19   113
2,27–28   113
2,44   113
2,47   113
7,14   113

Hosea
4,4–18   135
6,6   136

Joël
3,1–3   90

Amos
5,21–27   135

Matthäus
1,1–17   72
1,20   85
3,16   87
3,17   87
5,14   118
5,17   64
5,32   64
5,44   64
9,13   136
10,39   23
12,7   136
12,28   88
13,11   114
16,13–18   60
25   78
26,20–35   121
28,2   125

Markus
1,1   61
1,9   61
1,10   87, 88
1,14   114
1,15   64
2,23–28   136
3,1–6   136
3,22–30   88
4,11   114
7,1–9   136
9,7   61
10,43   143
11,15–19   136
12,33   136
14,17–21   121
14,32–42   73
15,34   73
15,39   62

Lukas
1,34–35   85
1,35   86
1,37   85
2,1–20   72
2,19   137
3,21–22   87
3,23–38   72
3,38   86
4,18   114
6,36   78
10,21   88
10,25–37   78
11,20   64
22,14–20   121
22,18   122
22,19   142
24,30   146
24,39   73
24,39–40   78
34,36–43   146

Johannes
1,3–4   95, 116
1,3–5   70
1,9   45, 116
1,14   61, 116
1,16   61
1,18   61
1,29   124
1,30   124
1,32–34   87
1,33   86
1,36   73, 124
1,49   61
2,4   125
4,21   125
4,23   125
5,25   125
5,28   125
5,56   117
6   116
6,3   116
6,35   161
6,47   116
6,48   116
6,51   116
6,53–56   145
6,54   117
6,60–61   145
6,63   116
6,68   161
7,30   125
8,12   96, 116
8,20   125
8,31   28
12,23   125
12,46   116
13,1   121, 123, 125
13,2   121

163

13,3   123
13,15   143
14,9   69, 94
14,16   50
14,26   50, 89, 141
15,1–17   145
15,26   50, 89
16,13   50, 89
18,28   121
19,31   121
20,19–23   146
20,20   73
20,22–23   89
20,24–29   78, 146
20,25–27   73
20,28   61, 133
21,12–14   146

Apostelgeschichte
1, 27–28   113
2,1–13   50, 89
2,16–17   90
2,46   138, 152, 161
20,7   138
24,31   114

Römer
1,3   61, 88
1,4   88
1,18–32   45
1,20   112
2,14–16   45
5,5   96
5,10   74
5,19   81
6,3–5   117
6,5–11   117
8,3   61
8,9   89, 90
8,11   88, 89
8,14   89
8,18–22   85
8,22   93
9,5   61
12,1   106, 144
12,1–2   144
13,14   57
16,25–26   61

1 Korinther
2,14   87
3,9   117
3,16   89
4,5   45
5,7   123
6,19   89
10,14 – 11,1   153
10,16–17   138, 146
10,17   118
11,17–22   153
11,20   138
11,23–26   121

11,24–25   137, 142
11,26   118, 122
11,28   148
11,29   149
12,3   87
12,10   92
15,45–49   86
16,22   122

2 Korinther
3,17   50, 88
4,4   115
5,18–21   74
5,19   97
5,21   73
8,9   74

Galater
2,19–20   145
3,27   57
4,4   61
5,13–14   83
6,2   83

Epheser
1,3–14   93
1,10   61, 70, 97
3,4   115
3,4–9   117
4,24   57
5,1   144
5,2   137, 144
5,32   115, 117
6,12   82
6,19   115

Philipper
1,19   90
2,6–11   72
4,18   144

Kolosser
1,15   95
1,15–17   45
1,16–17   70
1,19   61
1,19–20   115
1,20   61
1,26   61, 114
2,2   115
2,3   61
2,9   61
3,10   57
3,16   54, 92

1 Thessalonicher
5,19   92

1 Timotheus
2,4   97
3,9   115
3,16   115, 117

Hebräer
2,9–10   73
4,14   73
4,14–16   73
5,6   160
5,10   160
6,4   117
7,24   139
7,27   137, 139
9,14   88, 140
9,27   140
10,5–7   137
10,32   117
13,16   144

1 Petrus
1,19   72, 73, 125
1,20   72
1,24   72
2,4   144
2,5   143, 144
2,9   143
2,24   73
3,15   60
3,18   88

1 Johannes
1,1   116
1,2–3   61
2,20   87
3,16   144
4,1–6   92
4,8   94
4,14–15   61
4,16   94

Offenbarung
1,6   143
1,10   138
2,17   50, 90
5,6   73
5,6–14   124
5,8–14   73
5,9   73
5,10   143
6   125
7,9   124
7,17   124
12,11   124
13,8   124
14,4   124
14,10   124
15,3   124
17,14   124
19,6–9   124
20,6   143
21,9   124
21,22   124
22,1   124
22,7   12

Personenverzeichnis

A

Adam, K. 13
Alfons von Liguori 149
Anselm von Canterbury 95
Aristoteles 94
Arius 69
Arnold, F. X. 100, 101
Assmann, J. 112
Athanasius 12, 69
Athenagoras, ökum. Patriarch 153
Aubert, R. 14
Auer, J. 149
Augustin, G. 105, 133, 146
Augustinus 68, 70, 71, 74, 76, 106, 118, 123, 127, 133, 146, 147, 149

B

Bach, J. S. 77
Balthasar, H. U. v. 18, 73, 74, 81, 85, 87
Barash, J. A. 32
Barth, K. 18, 19, 62, 117
Bartholomäus des Bosses 160
Bauer, C. 14
Baur, F. Chr. 42, 51
Bausenhart, G. 37, 81
Beierwaltes, W. 41, 67, 68
Benedikt von Nursia 77
Benedikt XVI., Papst 59, 76, 101, 106, 140, 150, 152 vgl. Ratzinger, J.
Bernhard von Clairvaux 76, 77
Bishoy von Damiette, Erzbischof (Makram Eskander Nicola) 11, 12
Bloch, E. 68, 92
Blondel, M. 18, 46, 97, 160
Bloy, L. 79
Boff, L. 84
Böhnke, M. 82
Bonhoeffer, D. 79
Bornkamm, G. 113
Bovon, F. 86
Bozzolo, A. 127
Braig, C. 20, 21, 24, 30, 31, 34, 35, 36, 37
Brobinskoy, B. 87
Bultmann, R. 36, 62, 63

C

Calvin, J. 154, 155
Casel, O. 102, 113, 141
Casper, B. 37
Chaillet, P. 17

Chenu, M.-D. 17, 70
Chrysostomus 54, 55
Congar, Y. 17, 70, 79, 85, 101, 132, 153
Conzelmann, H. 50
Cyprian von Karthago 142
Cyrill von Jerusalem 106

D

Danz, C. 43, 59, 63, 83
Descartes, R. 16
Dilthey, W. 30
Dinkler, E. 36
Doss, M. 87
Drey, J. S. v. 13, 14, 15, 19, 42, 44, 48, 49, 50, 52, 55
Dulles, A. 17
Duns Scotus 94

E

Ebeling, J. 36
Eckhart von Hochheim 32
Eckholt, M. 37
Elert, W. 75, 157
Eliade, M. 135
Esch, D. 21, 30
Essen, G. 43, 59, 63, 83
Evdokimov, P. 87

F

Faber, E. 74
Färber, K. 21
Ferber, W. 23
Fessler, J. 55
Feuerbach, L. 91
Fischer, M. 32
Flavian von Konstantinopel, Patriarch 67
Forte, B. 146
Foucauld, Ch. de 78
Franzelin, J. B. 17, 53
Franziskus, Papst 54, 77, 78, 80, 106, 107, 111, 119
Franz von Assisi 77, 91
Franz von Sales 149
Freud, S. 135
Fries, H. 13, 31
Fuchs, O. 15, 19
Funk, F. X. 15
Funk, Ph. 25

G

Gadamer, H. G. 18, 36
Geerlings, W. 76
Geiselmann, J. R. 13, 14, 18, 43, 48, 49, 56
Gerken, A. 131
Gerl-Falkovitz, H.-B. 23, 24, 28, 30, 31, 32, 33
Gertrud von Helfta 110
Gese, H. 121
Gnilka, J. 63, 72, 88, 114
Gogarten, F. 36
Goyau, G. 17
Greshake, G. 82, 103
Grillmeier, A. 66, 67, 69, 129
Gronchi, M. 54
Guardini, R. 19, 20, 22–31, 32, 33, 36, 37, 38, 39, 46, 59, 99, 100, 102, 103, 106, 110
Gutiérrez, G. 84

H

Habermas, J. 39, 135, 160
Halik, T. 78
Halleux, A. de 67
Harnack, A. v. 66, 67
Hauser, L. 37
Hefele, H. 25
Hefele, K. J. v. 11, 15, 55
Hegel, G. W. F. 16, 17, 18, 34, 35, 38, 42, 43, 68, 77, 91
Heidegger, M. 18, 19, 20, 22, 31–37, 39, 40, 109
Hemmerle, K. 37
Hengel, M. 67
Henrici, P. 160
Heraclius, Kaiser 80
Herder, J. G. 16
Hildegard von Bingen 110
Himes, M. J. 17
Hirscher, J. B. v. 15, 19, 42, 55, 101
Hölderlin, F. 32, 34, 47
Hollenweger, W. J. 92
Holzem, A. 13, 14
Hoping, H. 59, 72, 105
Hünermann, P. 37, 59
Hus, J. 154
Husserl, E. 18, 33

I

Ibas von Edessa 75
Ignatius von Antiochien 74, 138, 154
Ignatius von Loyola 111, 146
Irenäus von Lyon 74, 133, 144
Iserloh, E. 77, 111, 139
Ivanka, E. 67

J

Jedin, H. 128, 139
Joachim von Fiore 91
Johannes Don Bosco 149
Johannes Paul II., Papst 77, 78, 87, 93, 106, 118, 119, 150 vgl. Wojtyła, K.
Johannes XXIII., Papst 101
Jüngel, E. 36, 117
Jungmann, J. A. 100, 106
Justinus Martyr 133, 138

K

Kant, I. 16, 18, 41
Kaplan, C. 17
Käsemann, E. 45, 63, 88
Kasper, W. 13, 14, 17, 18, 38, 39, 40, 53, 54, 59, 63, 67, 71, 76, 85, 87, 89, 95, 107, 108, 120, 143, 155
Kessler, H. 82
Kessler, M. 13, 15, 19, 49
Kierkegaard, S. 40, 41, 47
Klimmer, I. 28
Knoll, A. 23
Koch, W. 20, 21, 22, 25, 26, 27, 28, 29, 31
Konstantinos IV., Kaiser 80
Köpf, U. 13
Koselleck, R. 48
Krämer, K. 92
Krieg, R. A. 17, 23
Kuhn, J. E. v. 15, 19, 21, 24, 35, 42, 43, 44, 45, 52
Küng, H. 67
Kustermann, A. P. 15

L

Ladaria, L. F. 88
Laurs, S. 39
Lefebvre, M. 101
Lehmann, K. 36, 37, 89, 135, 155, 156
Leibniz, G. W. 16, 109, 160
Leo d. Gr., Papst 67, 68, 69, 76, 77, 118
Leo XIII., Papst 17
Leppin, V. 14, 77, 156
Lessing, G. E. 16, 47
Lösch, S. 18
Lotz, J. 36
Löwith, K. 91
Lubac, H. de 17, 46, 91, 97, 119, 147
Luther, M. 77, 108, 118, 154
Lutz, U. 88
Lyotard, J.-F. 38

M

Maas, W. 75
Maréchal, J. 18, 36

Martin, Papst 81
Marx, K. 91
Maximos Confessor 81, 82
McCool, G. A. 17
Mechthild von Hackeborn 110
Mechthild von Magdeburg 110
Menke, K.-H. 59, 64, 93
Metz, J. B. 50, 71
Meyendorff, J. 81
Möhler, J. A. 12, 15, 19, 35, 42, 51, 52, 53, 54, 55, 56
Moltmann, J. 87
Morsey, R. 23
Mühlen, H. 85, 87
Müller, M. 33, 36
Murphy, F. X. 75, 81

N

Neundörfer, K. 23, 25, 29
Neunheuser, B. 99
Newman, J. H. 17, 53, 54
Nicols, A. 17
Nietzsche, F. 40, 77
Nissiotis, N. 87

O

Oeldemann, J. 153
O'Meara, Th. F. 17, 21
Origenes 69
Ouellet, M. 123

P

Pannenberg, W. 18, 67, 155
Parsch, P. 100
Pascal, B. 16, 31, 40, 97, 98
Passaglia, C. 17, 53
Paul V., Papst 101
Paul VI., Papst 101, 105, 106, 131, 153
Pavan, M. 127
Péguy, Ch. 79
Perrone, G. 17, 52, 53, 54
Pesch, O. H. 70
Pieper, J. 135
Pinsk, J. 100
Pius IX., Papst 53, 54
Pius X., Papst 99
Pius XII., Papst 53, 54, 99
Pöggeler, O. 32, 33, 35
Proklos 68
Pröpper, Th. 82
Przywara, E. 36, 74
Ps-Dionysius Areopagita 68

R

Rad, G. v. 112
Raffelt, A. 21
Rahner, J. 14
Rahner, K. 18, 28, 36, 65, 66, 108, 109, 117, 129
Ranke, L. 39
Ratzinger, J. 13, 18, 41, 59, 91, 106, 117, 130, 154 vgl. Benedikt XVI.
Reifenberg, P. 28, 37, 46, 97, 160
Reinhardt, R. 13
Richard von St. Viktor 94, 95
Ricoeur, P. 32, 135
Rosenmöller, B. 25
Rosmini, A. 17
Ruhstorfer, K. 59, 92
Russo, A. 46

S

Sailer, J. M. 14
Sattler, D. 156
Sauter, G. 85
Scannone, J. C. 97
Schaber, J. 32
Schäfer, V. 21
Schauf, H. 89, 96
Scheeben, M. J. 53, 108
Scheele, P. W. 24
Scheffczyk, L. 13
Scheffler, J. 91
Scheler, M. 18, 33
Schell, H. 24
Schelling, F. W. J. 16, 17, 18, 34, 35, 40, 46, 91, 109
Schieffer, E. 155
Schifferle, A. 101
Schillebeeckx, E. 70
Schilson, A. 100, 102
Schleiermacher, F. D. E. 21, 67
Schlette, R. 149
Schlier, H. 45, 88
Schlink, E. 156
Schnackenburg, R. 61, 116, 123
Schneider, G. 101
Schneider, Th. 131
Schockenhoff, E. 98
Schott, A. 100
Schrage, W. 86
Schürmann, H. 86
Schwager, R. 74, 81
Schwaiger, G. 15
Schweitzer, A. 42, 62
Seckler, M. 13, 15, 21, 49, 70
Sequeri, P. 54
Sergius von Konstantinopel, Patriarch 80

Sherwood, P. 75, 81
Siewerth, G. 36
Slenczka, N. 131
Sobrino, J. 84
Söding, Th. 48
Sokrates 109
Spinoza, B. 16
Staniloe, D. 87
Staudenmaier, F. A. 15, 19, 35, 42, 44, 52, 55
Stegmüller, F. 21
Stockmeier, P. 16
Stoltmann, D. 153
Stosch, K. v. 93
Strauß, D. F. 42, 91
Stubenrauch, B. 86, 87
Sudbrack, J. 111

T

Taylor, C. 39, 159
Teilhard de Chardin, P. 119
Teresa von Ávila 149
Teresa von Kalkutta 78
Tertullian 75, 98
Theobald, C. 97
Theodoret von Cyros 75
Theodor von Mopsuestia 75
Thérèse de Lisieux 79
Thomas a Kempis 77
Thomas von Aquin 36, 68, 70, 71, 94, 118, 119, 127, 128, 129, 131, 134, 138, 142, 150
Tilliette, X. 46

Torrell, J.-P. 70
Troeltsch, E. 30

V

Vellguth, K. 92
Vico, G. 16

W

Wagner, H. 19
Walter, P. 17
Warthmann, S. 17
Weiger, J. 25, 26, 29, 31
Weiß, O. 20
Welte, B. 13, 16, 33, 36, 37, 42, 131
Wenz, G. 63
Werbick, J. 78
Werner, G. 43
Wessenberg, I. H. 55
Wiesemann, K.-H. 28, 37
Wilckens, U. 45, 48, 88
William von Ockham 155
Wittgenstein, L. 109, 110
Wittstadt, K. 24
Wojtyła, K. 97 *vgl. Johannes Paul II.*
Wolf, H. 14, 20, 21
Wyclif, J. 154

Z

Zizioulas, J. 81
Zwingli, H. 154, 157

Abkürzungen

Dokumente des Zweiten Vatikanischen Konzils

AG: *Ad gentes.* Dekret über die Missionstätigkeit der Kirche
DV: *Dei verbum.* Dogmatische Konstitution über die göttliche Offenbarung
GS: *Gaudium et spes.* Pastoralkonstitution über die Kirche in der Welt von heute
LG: *Lumen gentium.* Dogmatische Konstitution über die Kirche
NA: *Nostra aetate.* Erklärung über das Verhältnis der Kirche zu den nichtchristlichen Religionen
OT: *Optatam totius.* Dekret über die Ausbildung der Priester
PO: *Presbyterorum ordinis.* Dekret über Dienst und Leben der Priester
SC: *Sacrosanctum Concilium.* Konstitution über die heilige Liturgie
UR: *Unitatis redintegratio.* Dekret über den Ökumenismus

Andere Abkürzungen

DH: Heinrich Denziger, Kompendium der Glaubensbekenntnisse und kirchlichen Lehrentscheidungen. Enchiridion symbolorum definitionum et declarationum de rebus fidei et morum. Hg. von Peter Hünermann (Freiburg i. Br.)
JBMGS: Johann Baptist Metz Gesammelte Schriften (Freiburg i. Br.)
JRGS: Joseph Ratzinger Gesammelte Schriften (Freiburg i. Br.)
WKGS: Walter Kasper Gesammelte Schriften (Freiburg i. Br.)

Alle anderen Abkürzungen folgen in der Regel dem Abkürzungsverzeichnis des Lexikons für Theologie und Kirche, 3. Auflage (1993–2001), Bd. 11.

Zum Autor

Walter Kardinal Kasper, geb. 1933, Dr. theol., Professor für Dogmatik, 1989–1999 Bischof der Diözese Rottenburg- Stuttgart, 2001 zum Kardinal erhoben, 2001–2010 Präsident des Päpstlichen Rates zur Förderung der Einheit der Christen und der Kommission für die religiösen Beziehungen zum Judentum sowie Mitglied der Kongregationen für die Glaubenslehre und für die Orientalischen Kirchen.

Walter Kardinal Kasper ist Hauptautor des ersten Bandes des Katholischen Erwachsenenkatechismus und Hauptherausgeber der dritten Ausgabe des Lexikons für Theologie und Kirche. Zu seinen zahlreichen theologischen Publikationen zählen unter anderem: *Der Gott Jesu Christi; Jesus, der Christus; Einführung in den Glauben; Theologie und Kirche* (2 Bände), *Katholische Kirche. Wesen – Wirklichkeit – Sendung*. Seine *Gesammelten Schriften* erscheinen im Verlag Herder, Freiburg i. Br.

Bei seiner ersten Angelus-Ansprache empfahl Papst Franziskus Kaspers Buch *Barmherzigkeit. Grundbegriff des Evangeliums – Schlüssel christlichen Lebens* (Freiburg i. Br. ⁵2016) zur Lektüre. Als Hilfe zum theologischen Verständnis des Pontifikats von Papst Franziskus erschienen 2015 *Papst Franziskus – Revolution der Zärtlichkeit und der Liebe. Theologische Wurzeln und pastorale Perspektiven* (Stuttgart 2015) und 2016 *Das Feuer des Evangeliums. Mein Weg mit Papst Franziskus. Ein Gespräch mit Raffaele Luise* (Ostfildern 2016). Zum Reformationsgedenken nahm Walter Kasper Stellung in seinem Essay *Martin Luther. Eine ökumenische Perspektive*.

Walter Kardinal Kasper / George Augustin (Hg.)

Soziale Freundschaft
Auf dem Weg zu einer geschwisterlichen Weltordnung
nach der Enzyklika »Fratelli tutti« von Papst Franziskus

Klappenbroschur | ca. 408 Seiten
Matthias Grünewald Verlag in der Verlagsgruppe Patmos
ISBN 978-3-7867-3270-9

Die Enzyklika »Fratelli tutti« ist ein außergewöhnliches Papstschreiben. Franziskus richtet sich in der gegenwärtigen Situation der Menschheit an Christen und Nichtchristen. Das Schreiben greift unter dem Leitbild der sozialen Freundschaft und universalen Geschwisterlichkeit aller Menschen die gegenwärtigen Menschheitsthemen auf. Der Band versammelt prominente Stellungnahmen zum Papstschreiben: aus katholischer und evangelischer, jüdischer und muslimischer Sicht ebenso wie aus den Bereichen der Sozialethik, Politik und Ökonomie. Der Band erscheint in verschiedenen europäischen Sprachen und in den USA.
Mit Beiträgen der Herausgeber und von Heinrich Bedford-Strohm, François Biltgen, Joachim von Braun, John Hope Bryant, Ottmar Edenhofer, Massimo Faggioli, Bruno Forte, Luis González-Carvajal Santabárbara, Mark-David Janus, Azza Karam, Terrence Keeley, Mouhanad Khorchide, Felix Körner, Thomas Krafft, Klaus Krämer, Reinhard Kardinal Marx, Andrea Riccardi, David Rosen, Peter Schallenberg, Annette Schavan, Kerstin Schlögl-Flierl, Thomas Söding.

GRÜNEWALD www.gruenewaldverlag.de

Walter Kardinal Kasper / George Augustin (Hg.)

Christsein und die Corona-Krise
Das Leben bezeugen in einer sterblichen Welt

Klappenbroschur | 200 Seiten
Matthias-Grünewald-Verlag in der Verlagsgruppe Patmos
ISBN 978-3-7867-3244-0

Die Corona-Pandemie ist eine Herausforderung für Christinnen und Christen weltweit. »Es ist eine Zeit der Prüfung und der Entscheidung, unser Leben neu auf Gott als Halt und Ziel auszurichten; sie hat uns gezeigt, dass wir gerade in Notsituationen auf die Solidarität anderer angewiesen sind; und sie leitet uns an, unser Leben neu in den Dienst an anderen Menschen zu stellen« (Papst Franziskus). Dieser Spur folgen die namhaften Autoren, die Walter Kardinal Kasper und George Augustin in diesem Band versammeln. Mit Beiträgen der beiden Herausgeber sowie von Bruno Forte (Chieti), Tomáš Halík (Prag), Mark-David Janus (New York), Kurt Kardinal Koch (Rom), Thomas Söding (Bochum), Jan-Heiner Tück (Wien), Karl Wallner (Wien), Holger Zaborowski (Erfurt).

GRÜNEWALD   www.gruenewaldverlag.de

Walter Kardinal Kasper im Patmos Verlag

Die Freude des Christen
Gebunden mit Schutzumschlag und Leseband | 240 Seiten
ISBN 978-3-8436-1052-0

Das Feuer des Evangeliums
Mein Weg mit Papst Franziskus
Gebunden mit Schutzumschlag und Leseband | 230 Seiten
ISBN 978-3-8436-0771-1

Vater unser
Die Revolution Jesu
Gebunden mit Leseband | 128 Seiten
ISBN 978-3-8436-1146-6

Maria – Zeichen der Hoffnung
Gebunden mit Leseband | vierfarbig | 96 Seiten
ISBN 978-3-8436-1070-4

Martin Luther
Eine ökumenische Perspektive
Gebunden mit Leseband | 96 Seiten
ISBN 978-3-8436-0769-8

www.patmos.de